imaginist

想象另一种可能

理
想
国

imaginist

十三不靠

张发财 著

广西师范大学出版社
·桂林·

序

钞录史料，略施评论，以今人之情度古人之心，以古人之眼观照今日的世界，往复奔走，沿途叫嚣一切史都是当代史，这是绝大多数作者的写真，无论专业与民科。还有一些作者，对历史有无真相这个问题抱持疑虑，同时进行艰苦的考证，要尽力接近所谓历史的现场，去发掘自己并不完全信奉的真相，不能立己也不能达人，终其一生活在时信时疑的境地。极少数的作者，放下所有出乎智识的骄傲，既不妄论古人，也不预言未来，生龙活虎，槁木死灰，听任自己沉沦在追忆与焦虑之海，自欺欺人，自得其乐，以终其年。之数者甘苦不一，愚智互见，而皆是平凡的作者。

另有一些人，明明研究历史，却知道只有文学才能描绘人性的真实，或虽以文学名世，心里想的却是记录人类的历史。更甚者，在文字海里浮沉一世，一旦突出水面换气，即知仅凭文字不仅不足以解释历史，乃至不足以记录历史。尤有进乎道者，固然承认音乐诗歌与美术最能揭示人性与世界的真实，可又不甘做一个知其不可为而为之的哲学家，去替天生缺乏交流能力的艺术家充当义务而蹩脚的解说员，以此，只能尽力保持沉默，尽管他所知道关于世界的奥秘远非他人可以想望。而一旦出口，或者认为他是疯了，或者以为玄之又玄，前者弃如败履，尚待后世发明，后者则辗转稗贩，成就了各界大师。之数者皆是圣人（圣者通也），惟内圣外王（王者往也）太难，用世之念或浓，逃世之心或更沉重，于是，充其极也只能做一位独特的作者。

平凡不是贬称，独特亦无褒义。吾国编排座次，好以三不朽为标准，排位是德功言。立言已不易，顾不如立功，惟既立旷世之功，为万国之王，犹未当立德的“素王”（孔子耶稣佛陀一类人）之万一。然而所谓立德，本质上也是留下语录，配合模糊不清的时代背景，为“天下”“万世”提供想象力。于是，自认平凡之士安静接受命运的安排，玩物丧志，无暇问朽与不朽，而自认不凡之士读书问学，周游历练，终亦甘于速朽，且急于速朽，甚而有破无立，愈加玩物丧志。从知后现代主义在全球的兴起与风靡，实在是太正常不过的现象，即在东方旧邦，也有他的“内在理路”。其间无是非存焉，只有爽与不爽的区别，而这个区别不过是乌鸦莫笑猪黑的常谈。

周树人尝定义吾国史学的最高境界，说司马迁的《史记》是史家之绝唱，无韵之离骚，轻描淡写就取消了史学研究与文艺创作的界限，并悬艺术之标格为史学之鹄的（骚是诗歌，唱是音乐）。他不是旧道德的楷模（旧学甚深却抛弃发妻），却是新文化的先锋（革命性远迈胡陈）。固然不知道如何建设新世界，却知旧世界再这么承续必是人间地狱，良心对神话绝望，如此而已。树人一点灵犀，千古不泯，即在此处。此外，他读碑，出版美术品，是一个具有审美的批评家，也能领先同等量级的时贤。

曾经与发财兄在不同的时间与空间煮酒论史，煮茗谈艺，当然这是风雅的措辞，其实，究以扯唐骂娘为多。然而真若说到重要的事情，不需要讲三遍，只言片语足矣。发财兄在出版了两本有关历史的书之后，跟我说过一句，我压根不信史书。又说过一句，我以前现在未来都不要去研究历史。还有一句令我印象深刻的是，历史挺好玩，也不好玩。因为这三句话，才令我写出上述感慨。

我不愿补足这三句话的上下文，也不愿联系发财兄的生活状态与时代背景去分析这三句话，更毋庸例举这本貌似世说其实是大不同新文本的微博书的段落去印证这三句话，我只想说，你专业设计，还能讲历史，为什么不去开个咖啡馆？不幸的是，他用事实秒杀了我：我早在越南开了两层楼的咖啡馆，你什么时候过来喝啤酒，烤腰子？

是为序。是亦不足为序。因为序就是秩序，而我们（通过阅读写作）感受的只是无序。快乐系焉，痛苦系焉，没心没肺浑不要脸而偶然警醒却又无力抵抗的统统系焉。谨祝在无论有序无序的未来，发财兄不废美术，坚持写作，多吃肉，少喝酒，披长袍，束长发，飘飘而来，歪歪而归，让月黑风高见证新时代历史写作的光芒。是为序。

乙未九月十五日。长沙谭伯牛。

目录

一表人才

释义　A man has striking appearance.

出处　元·关汉卿《望江亭》第一折："夫人，放着你这一表人物，怕没有中意的丈夫嫁一个么！"

丑女始祖叫“嫫母”，黄帝的媳妇。传说有天出去溜达，见到一块亮石头，能照人，于是拿手上端详，哗一声就吐了。太尼玛丑了！以为是石头不平，就磨，再端详，哗~~不甘心，再找新石头，再磨，再哗……后来，混成制镜业祖师爷了。严格来说，应该是哈哈镜祖师爷。

中国第一公主应该是娥皇、女英，姐俩很搞笑整个退莫斯组合，一起嫁给了舜。舜长得奇怪，传说他个子矮小，龙头鱼嘴，就是脑袋大嘴也大，并且有青光眼（重瞳），整个一残疾人。舜的爹地叫瞽叟，意思是瞎老头。这就有趣了，儿子四个瞳孔，他一个都没有。老天对人是公平的。

“贞，登妇好三千，登旅万乎伐羌”，用兵三千再加上后勤部队万人，这在商朝算是规模极大的战争。主帅是商王武丁的老婆“辛”，也就是赫赫有名的“妇好”。这娘们真能打，1976年挖开她的坟发现有两把二十斤重大斧子。女版李逵啊！嗯，不过也难说，古代的斧子有时做仪仗用。嗯，做李鬼没问题吧。

春秋时晋武公有俩儿子，小儿子伯桥出生时跟和尚似的两掌粘连，百日不开，武公说孩子你要在脑袋上烫戒疤不？咔嚓就开了，左手纹是木字，右手纹“昜”，长大后被封到杨地，始称杨侯。这人就是杨姓的先祖，反正传说是这样。我把两手并列看掌纹——妈的，凑出个三角裤衩形，还有根腰带。

荀子在《非相》中说圣贤长相：孔子的脸方成“囧”样，像戴着难看的驱邪面具；周公身体像折断的枯树；皋陶像一块钱上的人像，满脸青绿；闳夭脸是仙人掌，一脸胡刺；伊尹的脸则是个鸡蛋，不长毛；傅说身体像柱子；禹走路是刘德华上身，一步一撅哒；商汤肩膀是一根跷跷板，永远倾斜。

《史记》说秦始皇："秦王为人，蜂准，长目，挚鸟膺，豺声，少恩而虎狼心。"郭沫若《十批判书》解释："挚鸟膺"是鸡胸，"蜂准"是鼻梁凹陷，"豺声"大概有气管炎，"长目"是眼睛细长能看见自己耳朵。按这说法嬴政就是个残疾人。我查了下他名义爹子楚和绯闻爹吕不韦，长得都说得过去。他这长相随谁呢？难道隔壁老王又出手了？

项羽跟嬴政一样不喜欢书，但理由不一样。项羽是因为眼神不好，没法看字，史书说他"双瞳"。医学解释是眼睛粘连畸变，瞳孔从一个0变成两个00，有点蜻蜓复眼的意思。蜻蜓恨蚊子，他恨文字，于是"烧秦宫室，火三月不灭"。形容帝王还有个词——海口，这是相术专用词，什么样才算海口？能把拳头塞嘴里算为合格……肯定有人张嘴试了。

汉成帝第二任皇后赵飞燕舞跳得好，还是减肥代言人，这姐们身材轻盈到出门就抱电线杆子。有幅画叫《赵飞燕掌上舞图》，画的是她在一个人的手掌上跳舞，怎么嘚瑟都不掉下来。这俩人配合得真默契，唯一能与其竞争的团体组合，就是孙猴子和如来的手掌了。

刘家皇帝长得最顺眼的是汉光武帝刘秀，身长七尺三寸，美须眉，大口，大额头高鼻梁。高祖刘邦也不错，鼻梁高，高眉骨。刘邦左腿可能被沙枪崩过，左股有七十二颗痣，不清楚这些痣布局如何。金世宗也有痣，胸前七颗，他的痣布局很规范，按北斗七星排列。丘处机没事就扒开金世宗胸罩，练阵法。真事儿。

汉朝梁鸿和老婆孟光相敬如宾，孟光为表示尊重丈夫，每次上菜盘子都举到眼眉处，这叫“举案齐眉”。总担心孟光女士臂力不够，洒菜汤把脸烫毁容。担心多余，《后汉书》写孟光“状肥丑而黑，力举石臼”，这是举重人才！梁鸿墙裂建议孟光为国争光！孟小姐就曰：拉倒吧，我就能举到眼眉。

汉朝桓灵年间日本邪马台国大乱，掐了十余年，出来个会跳大神的小姑娘，几场癫痫舞蹈把大伙全镇住了。算了你当老大吧。她就是卑弥呼女王,也是天下第一宅女。上位后政事全交给手下处理，在位七十年就没出过皇宫。整天在屋里干啥？邪马台的“邪”读音“亚”，我连读十遍后，豁然开朗恍然大悟。

三国长相奇怪的人很多，刘备“顾自见其耳”——侧头能看耳朵，这哥们是阿凡达家的。另外他“垂手下膝”——胳膊放下来过膝盖，单杠上挂得太久抻长了？除了他，晋朝第一任 CEO 司马炎先生也是个“垂手下膝”畸形儿。他俩当皇上白瞎了,应该去兰州学拉面。

曹操的长相《三国志》里面根本没说，俩儿子曹丕和曹植的长相也没有。他到底长什么样说不清楚，只能参考《世说新语》的故事：匈奴来人要见汉丞相，曹操跟手下崔琰互换 ID 和马甲，崔装他，他装崔。事后派人问匈奴使者：汉丞相牛逼不？使者道：牛13，不过他身后捉刀侍卫更牛13，简直是牛26！

曹操的养子也是姑爷的何晏，漂亮的小白脸，魏帝怀疑丫用了美图秀秀，让他吃面条发汗，何晏擦完汗，脸色更好看，“朱衣自拭，色转皎然”。后来不行了，药嗑得太猛。管辂说何晏临死前“魂不守宅，血不华色，精爽烟浮，容若槁木，谓之鬼幽”……最后还真不是吸毒死的，挨司马懿砍了，何晏就此合眼。

曹操的警卫员许褚先生长得有个性，史载他“长八尺余”，按照汉尺计算，他身高最少一米九，别激动，下面说“腰大十围”。双臂环抱是一围，十围多粗各位想象下：一米九没用，跟十围结合这人整个一大饼子造型……当然是扯淡，十围是虚数，意思是腰粗，粗到什么程度？呼啦圈套上去就是裤腰带。

魏晋的右仆射魏舒，长得漂亮，“身长八尺二寸，姿望秀伟”，能喝，“饮酒石余”。这哥们半仙，中国古代有种游戏叫射覆，把东西蒙住让人猜里面是什么。魏舒眼睛比X光的透视能力还强，从没猜错过。魏先生最喜欢夏天，上街嘴里念念有词：红色的，绿色的，白色的……满街妇女面红耳赤，落荒而逃。

晋朝左思，家穷人丑，一米四九。当年写《三都赋》，陆机听说后发表感言：“此间有伧父，欲作《三都赋》。”这个“伧父”可以翻译成：土鳖、黑颈、赤佬、山炮。最传神最到位的应该是：屌丝。左思自己也认可，所以名字用了同音的“思”。而且，是左派的屌丝。

《晋书》说西凉王吕光出生时，忽一道神光从天而降，所以名“光”。这人长相古怪，眼睛有两个瞳孔，左肘还有个肉印。这块肉在他攻打西域时，忽然鼓了起来变成了两个肉字：巨霸。种种迹象表明这是要发达啦，正好前秦完蛋，直接在西凉当王……我在想，若“巨霸”不是中文而是拼音缩写，他当啥？

南朝刘宋的左仆射刘穆之没有拖延症，非常能干。能眼睛看文件内容，手写答复信，耳朵听下属汇报，嘴里当场答复，四种工作应付自如绝对不混淆错乱。经鉴定，刘穆之八核的。

北齐文宣帝高洋出生时，他爹高欢还是穷光蛋。大家担心高洋会被饿死，刚出生的高洋张口说了两个字：“得活。”长大后更加怪异，肤黑，高颧骨尖下巴，身上长满鳞纹。最古怪是脚踝层叠，有四个足踝，这套备用装备，让足踝总是受伤的姚明艳羡不已。

《北齐书·列传》载“兰陵王长恭不得母氏姓”，其余兄弟妈都有名，他妈姓什么不知道，估计野种。因为兰陵王长得太漂亮怕被抓去当男宠，上阵必须戴面具，不然手下和对手看他流哈喇子。芒山之战北周围城，他带五百人冲过去解围，打到城下脱面具。城里兵士全硬了！冲出城把北周兵干得屁滚尿流。

梁元帝萧绎是个画家，尤其擅长画外国人，模特就是来南梁朝贡的外国使者。在《职贡图》里我们可以看到一千五百年前的各国鬼佬，有趣的是这群人都是侧面照，目的是弱化两只眼睛。这个现象是画家萧绎有意为之。丫看到明眸善睐就生气，原因是他只有一只眼，新浪 logo 似的。

南朝陈宣帝陈顼身长八尺三寸，身高超过两米。够吓人了，更吓人是他“手长过膝”。比他更吓人是他老婆柳敬言，身长七尺二寸，大约一米八。更更吓人是这老娘们也他妈“手长过膝”。这两口子接吻，就叫“猩猩相吸”。

《隋书》说杨坚“为人龙颔，额上有五柱入顶，目光外射，有文在手曰‘王’，长上短下”。翻译过来：额头突出，并有五个大包从额头直插到头顶，目光犀利，掌纹形似“王”字，上身长，下身短。我实在想不出谁能长成这样？马云老师，你说谁能长成这样？

《新唐书》说高祖李渊生下来就是个胸怀宽广的人，因为他长了三个乳房。“仁公生高祖于长安，体有三乳”，惊讶一下得了，这玩意在他身上啥用没有，长一百个也挤不出奶。

宋之问人品不好，但跟长相一比人品竟然金光闪闪了。他要求做北门学士，武则天死活不同意，原因是丫满嘴哨牙，老武看他影响自己情绪；唐人方干兔唇，十几次考公务员死活不被录取；正统四年的张和、建文二年的王艮都是因为长相没得状元。想看这群人长啥样不？去华美整形医院，他们穿越终点都在候诊室。

唐朝公主都比较猛。安史之乱，和政公主跟爷爷唐玄宗跑到四川，四川守将郭千仞造反。玄宗在玄英楼上劝：有话好好说，说好吃火锅……磨磨唧唧。和政公主说跟叛军废尼玛什么话，杀！于是老公柳潭拉弓,她递箭,扎死五十多,暴乱平息了。这么威猛的公主,活得伟大，死得憋屈——难产憋死的。

杨贵妃“回眸一笑百媚生，六宫粉黛无颜色”，我觉得不要意淫了，那丫头肯定胖到没腰，估计脖子也胖没了，她一回头的造型，我总想到芙蓉姐姐。我真没胡扯，杨贵妃除了叫玉环还有个名:杨芙蓉。

安禄山胖到什么程度？他就没看过自己的弟弟。书上说腹垂过膝，肚子耷拉到膝盖！走路得俩人驾着。骑马时鞍前必须特制装置给他放圆滚滚的大肚子，这他妈整个自备安全气囊了。别看胖，丫跳胡旋舞“其疾如风”，就是说转圈跟陀螺似的，李奥纳多就靠他判断是不是做梦。

唐末，有个伊朗小子跑来中国鬼混，汉语说得特好，并装模作样取了个“李彦升”的中文名。宣武军节度使卢钧无意中发现了这个好玩的外国小子，就唠，发现小子不但能说还能写，顺口溜顺口哗哗溜。“人才啊，参加高考吧！”848 年伊朗小子在卢钧的忽悠下参加了科举考试……进士及第了。

罗隐的诗传布甚广，宰相郑畋女儿对罗隐的诗朝夕讽诵手不释卷。郑畋见女儿这个德行，就请罗隐到家吃饭。他姑娘一看 :“我操罗隐太七八磕碜啦！取消关注！”宋理宗为升国公主招驸马，状元周震炎是候选。升国公主一看 :“我操周震炎太七八磕碜啦！取消关注！”知道我头像为啥不用照片了吧?

闲查资料找古代近视眼，司马光就是。他在《与吴相书》中说“况年垂六十，须发皓然，视昏听重”，这也许是老花，不过接下来“素有目疾，不能远视”（《辞枢密副使第三札子》）；再继续“臣今筋骨癯瘁，目视昏近”（《进资治通鉴表》），又有诗曰“堪笑迂儒竹斋里，眼昏逼纸看蝇头”……基于这种眼神，强烈怀疑他当年不是想砸缸是想砸人。

苏东坡脸长，其妹出句：昨日一滴相思泪，今日方流到腮边。我幼时不相信人脸会长到这个程度，直到遇见全勇先才知古人不欺我也。我全哥所以脸长，下巴居功至伟。其下巴天赋异禀，这么说吧，微微颔首，下巴就砸到脚面子了。他这个下巴很怪，虽然长，但不长胡子，可看上去却有胡子，因何？鞋油蹭的呗。

苏东坡《孙莘老求墨妙亭诗》：“杜陵评书贵瘦硬，此论未公吾不凭。短长肥瘦各有态，玉环飞燕谁敢憎。”这是“环肥燕瘦”的出处。苏东坡对俩人的评语是：杨玉环肥而不腻，赵飞燕瘦而不柴，外焦里嫩吃完还想来。

王安石脸黑，手下发现不是一成不变的黑，而是越来越黑。很担心去问医生是不是得了什么病啊？一众大夫会诊后得出病因——不洗脸。老王确实不洗脸，《宋史》里说他“或衣垢不浣，面垢不洗”，看到这我在想，包公是不是跟他一样啊？那哥们脸上的泥垢都鼓出来成月牙型啦。

沈括说，元丰年出现的韩愈画像全是错的，韩愈被画成脸小胡子多，是不对的。实际这人是韩熙载。韩熙载谥号“文靖”，江南人称他“韩文公”，画师没文化，以为韩文公就是韩愈，拿韩熙载画像临摹，一画再画，一错再错。而真实的韩愈“肥而寡髯”，脸特大，没胡子。照韩红画韩愈，才正确。

岳家军最猛是杨再兴，此人土匪出身，敢想敢干虎逼朝天。曾单枪匹马冲入敌阵，干死二百多人后全身而退。绍兴七年小商桥之战，以三百骑直刺金兀术的十二万大军。杀死两千人后，才被金兵乱箭射死。最猛是这点：死后火化尸体，烧出两升箭头。怀疑他前世参与过诸葛亮的“借箭行动”。

辛弃疾能文能武主要是他自己吹得狠。袁崇焕比他牛逼多了。文的方面：万历四十七年进士。这可不是一般念书人能做到的。轻功更是盖世，“素捷有力，尝出救火，著靴上墙屋，如履平地”。这是个牛逼的娃娃，厉害的娃娃，广东同乡称他——“芭比”娃娃。

明末靖南伯黄得功，大城市铁岭开原人。某天，他妈酿了一坛酒被他偷喝光，于是骂他。当时辽东正打仗，黄得功拎着刀混进队伍里，砍了两个人脑袋拎去领赏，得五十两白银，回家交给他妈：“还你酒钱！”所以说他猛是因为这年他才十二岁。

冯梦龙说杨慎的八卦：“胡粉傅面，作双丫髻插花，门生舁之，诸妓捧觞，游行城市，了不为怍。”杨慎最爱女性发式，擦粉，脑袋上插花，让门生抬着，妓女拎着二锅头在后面，满街嘚瑟。这伪娘就是气势磅礴的“滚滚长江东逝水”的作者。分裂不?

见识个女汉子吧,《明史》说武康有蔡姓女子随母入山采药遇虎,老虎咬住她的妈要走，尼玛不许走！蔡姓女子折断树枝与老虎纠斗，大战三百回合，打出三百余步的距离时老虎急了，放下她妈开始攻击她。伤女，血喷丈许，竹叶全都染红了，蔡姓女子还打。老虎实在烦了，去你妈的不玩了，转身跑了。

“(秦)良玉为人饶胆智,善骑射,兼通词翰,仪度娴雅。而驭下严峻,每行军发令，戎伍肃然。所部号白杆兵，为远近所惮。”这是正宗女将军，明朝政府曾授她“镇东将军”军衔。平播、援辽、平奢、勤王、抗清、讨逆啥事都插一脚。插一脚是先天条件好，腿长！重庆博物馆根据她的遗物测出身高一米八六。

顺治出生集历代忽悠之大成：孝庄怀孕时有红光绕身，盘旋如龙。分娩时又梦神仙怀抱一子纳入怀中。当日红光满室,香气终日不散。顺治自幼骨骼清奇，头顶有龙角之状，面呈龙凤之姿……这特么长相，难怪董小宛不跟他搞破鞋。

1793 年 9 月 14 日，乾隆接见了马戛尔尼的英国使团。时间是早上，乾隆昏昏欲睡听英语。英国人觉得不是办法祭出法宝——牵出个十二岁小孩给老头表演。一下就精神了，我叉这孩子会说中国话，上来就是：“相声讲究坑蒙拐骗……”他就是英国最著名的汉学家托马斯 · 斯当东。

“性刚毅，能弯刀弓，少尝男装随上狡猎，射鹿丽龟，上大喜，赏赐优厚。”这是乾隆最喜欢的女儿，她长得跟乾隆贼像。嫁给了丰绅殷德，就是和珅的儿子。这丰绅殷德长得和他爹又特别像。坊间传闻乾隆跟和珅是一对，四个人见面会不会很乱？乱马的乱？

《女驸马》勉强能找到原型，中国历史上确实有个女状元，就是太平天国的傅善祥。但做驸马这事没谱了，傅善祥并没有办公主，而是被东王杨秀清给办了。有没有可能女扮男装考状元？“解衣露立，搜检军二名，上穷发际，下至膝踵，裸腹赤踝……”这是科举考前检查，整个选A片猪脚。小丫头要是参考得让人摸死。

龚自珍儿子龚橙谁面子都不给，传曾国藩曾请他吃饭，说小子要为国出力啊。龚说我要出山，也就给个地方监察院长这么个小官吧，我怎么可能在你下边？这位爷确实有狂放资本，语言天分极高就是鹦鹉转世，满蒙藏回语都行。又博览群书，藏书更多，开火葬场的话，不用买燃料。

1874年4月2日吴佩孚出生，他爹吴可成梦见戚继光进家，醒来后用戚继光的号“佩玉”，取名佩孚字子玉。幸好没梦见黄继光，不然叫吴枪眼了。吴六岁上学，十四岁辍学当兵，月薪白银二两四钱，差不多两千人民币。这小子虽然当兵但不务正业，没事看书玩，看到二十二岁看成了秀才，相当于大本或研究生。

传宋教仁“抓周”先拿了一支笔，咬了半天发现不是甘蔗拉倒了，换木刀舞舞扎扎，由此证明他能文能武。确实会两下子，他的外高祖父是陕西总兵万岱，据说宋先生继承了妈家传统，技击水平很高，两米的墙嗖一下翻过去。江湖报号：宋灯草，意思是身子很轻。

知道你们会在灯草后面补充什么……

蔡元培十七岁当秀才，二十三岁当举人，二十六岁就是进士，二十八岁成了翰林院编修。这些记录足以让他养尊处优。但是这哥们不满足，一定要再整个轰动的爆炸性记录出来——三十六岁开始研究做炸弹。据说蔡的北大校长室玻璃柜里，就放着他亲手做的一枚炸弹。

“那一年夏天南京天气到八月份还奇热……考头场时看见徐州一位大胖子，一条大辫子盘在头顶上，全身一丝不挂，脚踏一双破鞋，手里捧着试卷在长巷走来走去。”这是1897年陈独秀南京乡试的画面，过瘾不？更过瘾是下一句：“上下大小脑袋左右摇晃，拖长声念文章……”哈哈哈——《实庵自传》。

义和团最讨厌女人，但事物的两面性在此有特别滑稽的展现。团里最厉害的是个叫“黄莲圣母”的女人，能让洋人大炮哑火。这女人没事就把身上的小包裹拿出来展示，里面装了一袋子螺丝钉，都是她从洋人大炮上卸下来的。最厉害她会飞，想飞就能飘起来。飞行动力怎么来？吃地瓜呗。

日俄战争后，日本人抓住张作霖，说他卖情报给苏联，要枪毙。张说不光卖苏联，也卖给过日本啊。生死攸关的时刻，井户川辰三中尉被张作霖相貌打动，认为张“长相似女人那样柔顺，可态度又大胆直率”，于是向上级中佐建议饶恕张，中佐同意了。这个中佐，就是后来的日本首相田中义一。

光绪三十二年咀雪庐主人著《洪宣娇小传》：洪宣娇者，艳绝一世，骁勇异常。挥双刀，锋凛凛落皓雪。乘绛马，鞍腰笼白氍毹，长身白皙，衣裙间青皓色。临风扬素腕，衫佩声杂沓，望之以为天人，刀术妙速，衣色隐幻，一军骇目。这他妈不是打仗是时装秀，还他妈是内衣秀。我真没胡扯，“战酣，解衣纵马”。

汪精卫身怀利刃，埋伏于摄政王必经桥下。摄政王骑马而来，汪精卫正欲出击，怎奈那马儿有灵性死活不近桥，只在原地嘶鸣打转。侍从顿知桥下有异，于是精卫被捕。谋刺摄政王必死无疑，怎料审讯中那慈禧太后见汪精卫相貌出奇英俊，左看右看，竟舍不得杀他，只判了个无期徒刑……

清末海参崴满街中国人，需要华人做警察以华制华。于是一个一米九，会俄语，当过土匪的汉子闪亮登场，他就是狗肉将军张宗昌。这位大哥把海参崴打造成了远东最有安全感的城市。黑势力都给面子，很少闹事，原因是张宗昌为人仗义，具体表现在：骗我钱，那就骗呗；睡我女人，那就睡呗。操，多大事啊！

胡宗南报考黄埔军校，笔试不错，体检时被刷了下来。原因是身高不够一米六。体检员说：小个不适合干革命，回去吧。胡宗南情急之下脱口而出：孙中山个子更小，他怎么就干得？这话惊动了旁边的廖仲恺，怕老胡继续泄露国家机密，录取了。

1920 年罗素来中国讲学，梁启超请赵元任担任翻译。罗素讲学涉及数学、逻辑、哲学……就老赵能胜任。于是跟着老罗讲学。赵元任牛逼在于老罗讲完后他能给听众翻译成当地话。给湖南人讲就翻译成湖南话，四川人讲翻译成四川话……这一日来到东北，老赵刚想嘚瑟东北话，老罗道：滚，我吉林人。

张天翼不照相，说自己有自知之明长得难看就不出来吓人了。施蛰存办《现代》杂志非要老张在杂志上亮个相。张死活不同意，逼得没办法找画师来了个素描对付过去了。所以除了中国电信，谁都不知道天翼到底是个什么玩意。

周有光考上海圣约翰大学时需要照片，上海那边同学写信建议他拍西装照。小周从没穿过西装，照相馆里有西装，但伙计新来的也不知道怎么穿。于是古怪的造型出现了：伙计先给他绑上领带，发现领带边上还有个领结，想想，把领结也套在了脖子上。妈的，猜测伙计以前是放鸬鹚的。

张学良和裕仁天皇俩人同年，又都左撇子，更重要的是长得特别像，到什么程度？ 1921 年张去日本参观关西秋季大演习时，军乐团误将他认作裕仁，奏起了崇礼乐。小张还挺入戏，挥动小手用东北话喊:同志们辛苦啦！那啥，晚上到家吃猪肉炖粉条子！……那啥，后面我扯淡，别信。

民国四公子之一张伯驹，京剧大票友，爱唱戏但嗓子一般。虽一般，却能保证每次演出都掌声雷动啪啪拍，因张先生人称“蚊子老生”，唱戏就像一堆蚊子从嘴里往外飞。陈巨来在《安持人物琐忆》说：“拙于嗓，登台串戏声音如蚊子也。”中国历史最有趣，古今总有呼应。《岭表录异》说宋朝南方有种叫“蚊母鸟”的怪鸟，形如青鹢，嘴大而长，这鸟怪就怪在每次开口叫，就有一堆蚊子从嘴里飞出来……

1929年山东实验剧院招生，来了个只有小学文化的傻妞，形象土到惨绝人寰，脑后梳个大辫子，晃晃悠悠就进来了。这姑娘就是江青。研究录取名单时都要帕斯她，只高虹云慧眼独识说：留下演个村姑啥的不用化妆嘛！通过了。谁料再见江青时变短发了。问为何？俺都上了洋学堂，再留个大辫子多尼玛土啊！

鲁迅个子确实不高，1933年2月16号在宋庆龄家跟萧伯纳吃过饭，当天日记：“午餐一完，照了三张照。并排一站，我就觉得自己的矮小了。”

1933年丁玲神秘地失踪了。她去了哪里？沈从文给胡适的信里这样推断：丫没钱，人长得贼磕碜，谁绑她啊！应该是国民党把她按住了。老沈推断的确实没错，真是国民党干的。

1939年5月14日，李苦禅被日本人抓进了北大红楼。魏隐儒的描述有趣，他和李苦禅被打了一个晚上后上大刑——老虎凳！“苦禅先生功力颇深，用力一挺，铁链折掉一环”，然后“日本宪兵十分迷信从此不再动刑，改用更奸诈的办法——交朋友，最后无条件释放出狱”，再然后更好玩，“还给了五十元钱的养伤费”。

1946年10月18号下午杭州基督教青年会上，杭州荣誉市民司徒雷登致词："我是生在杭州的，所以杭州是我的故乡。不过我已十多年未到这里了，我认为西湖是世界上最美丽的地方了。"没几个人听懂，丫用杭州话说的。20号上午去九里松给爹妈兄弟扫墓后游西湖。导游讲雷峰塔，他说你讲的神马玩意？我来！

1949年国民党国防部下命令找模范军人，只要吹牛逼都能得奖，话说颁奖晚会上来一小子，主持人问：你有啥能耐？答：俺幼时混过白莲教，习得刀枪不入大法，每次打仗时都用身体堵住枪眼，使其弹药发射不出，故为模范。又问模范姓名，答曰：鄙人姓杜，名蕾丝。

二姓之好

释义　Beauty is you and me.

出处　西汉·戴圣《礼记·昏义》:“昏礼者，将合二姓之好，上以事宗庙，而下以济后世也。故君子重之。”

华胥氏出去溜达见个大坑，这个坑是个脚印形状，据说是雷神踩出来的。她就好奇，用自己的脚量这个大坑，雷人的事发生了——怀孕了！更雷的是一怀就十二年。更更雷的是生出的孩子人脑袋，蛇身子。这孩子就是中华始祖伏羲。信息量太大了，体外受精、孕期护理、染色体变异……

嫦娥所以离开后羿，是不是原来一天九日，傻小子射成了一天一日的缘故？

夏朝末，有龙来到王宫，这条龙一边说话一边淌哈喇子，奴仆拿木盒当痰盂接着。龙走后就把盒子扔仓库不管了，到周厉王时拿出来看，手一抖，哈喇子变成个王八，爬到一个宫女身上就那啥。四十年后，宫女生下女婴。此女婴即是“烽火戏诸侯”的褒姒。

《韩非子 · 外储》说：齐桓公见自己的臣民年过七十还没老婆，问管仲怎么办。管仲说齐国女人就这么多，你占了，别人当然没老婆。这个问题好解决，你把自己不用的女人分出去！齐桓公什么反应？齐桓公说：好嗒～

楚国登徒子说宋玉好色，宋玉跟楚王说：“我邻居是世界小姐，漂亮得鬼哭狼嚎，她趴墙看我三年，我都没答应跟她扯淡。登徒先生他媳妇长得霸丑霸丑惨绝人寰，可他跟她扯出五个孩子。大王你说我俩谁好色？”现在问题是：登徒说宋玉好色应该是真的，但宋玉就是不跟女的扯。那么，宋玉是攻还是受？

古代婚姻制度框架在西周基本确立了，三大原则：一夫一妻（妻、妾是两个概念），同姓不婚，父母之命。同姓不婚是因为周朝面积不大，基本都是亲戚，同姓会婚出一堆傻子。这个规定一直没改过。若婚，唐朝惩罚是男女各三年有期徒刑。明朝则打六十大板子后离异。ps. 同性结婚不管。

为了增加人口，政府提倡早婚，汉惠帝做得到位，女子年十五以上至三十不嫁，交五倍人头税。唐朝规定最低婚龄为男子十五岁，女十三岁。于是唐太宗十九岁生长子李承乾，肃宗李亨十五岁生代宗李豫，李豫十六岁生德宗李适，李适十九岁生顺宗李诵，李诵十七岁生宪宗李纯，穆宗李恒十四岁生敬宗李湛。

汉景帝坐在崇方阁，见丹霞云涌，一条红龙盘旋于梁柱之上，遂将此"耗死"转户给小三王夫人。小王搬进去就梦见一轮红日直冲入怀，小王得日，咔嚓，汉武帝就生了。

上门女婿的地位低得跟犯人一样。公元前 102 年，汉武帝打大宛缺人，把双规的干部，商人，再加上门女婿派去服劳役，"发天下吏有罪者、亡命者及赘婿、贾人……"如果这人是上门女婿，然后当官，当官时偷着做买卖，该怎么折腾他？大概罚他全家男丁都当上门女婿，秦汉朝的免费劳动力无限循环生生不息！

成语"金屋藏娇"的"阿娇"，是汉武帝的姑姑馆陶公主的女儿。阿娇的事不说了，冠希不让。说下她妈馆陶公主。这位公主很奔放，她有个情人叫董偃，俩人不顾礼法明目张胆扯，汉武帝也不管。

不但不管，还亲切滴把董偃称为“主人翁”。得，又来个成语。馆陶公主名叫“刘嫖”。还能来个成语——欢迎来稿。

平阳公主和卫青的关系很搞，先是主仆，卫青的姐姐卫子夫嫁给汉武帝后有了亲戚关系,她是卫青姐夫的姐。待到自己嫁给卫青后，她又成了弟弟的小舅子媳妇。还没完，她与曹寿生的儿子曹襄长大后娶了汉武帝和卫子夫生的卫长公主，她和卫青又成了拐弯亲家。

克夫的女人不少，克未婚夫的女人当属王莽的大姑王政君。小丫头到了当嫁之年，许配一个死一个，墓碑雨后春笋般噼里啪啦往外钻。算命的说小丫头命太硬一般人压不住，东平王刘宇不信邪，我操不信你天天女上位！我来！来了，挂了！

“初，孙权以妹妻先主，妹才捷刚猛，有诸兄之风，侍婢百馀人，皆亲执刀侍立，先主每入，衷心常凛凛。”《三国志》里的孙尚香，这娘们除了给刘备当媳妇肯定也当间谍。丫没事就偷偷在内衣上画地图，墨不好，脱色，全身皮肤花了吧唧挺吓人，所以“先主每入，衷心常凛凛”。

刘禅他娘甘夫人生他的时候，做梦一口吞下了北斗，于是叫了“阿斗”。阿斗成年后最爱祸害张飞，办了翼德两个姑娘，还不过瘾，把张家的侍女王丫鬟也给办了。所以说祸害，是因为根本过不了性生活。全世界都知道阿斗，扶、不、起、来。

阮籍在家喝酒，晋文帝司马昭派媒人登门，要阮籍把女儿嫁给儿子司马炎。司马炎双手过膝就是个猩猩，阮籍当然不愿意自己女儿被金刚凌辱。直接拒绝太伤面子，就喝。媒人来了六十天，阮籍醉了两个月。根本没法谈，婚事活活喝流产了。阮籍为什么讨厌司马？估计是他曾当过步兵校尉,江湖人称“阮步兵”,步兵无码。

竹林七贤的阮咸和姑妈家的鲜卑女有私情，阮咸他娘死了，姑妈带鲜卑女来奔丧。阮咸跟姑妈商量说把这外国娘们留下。答应了，走时又带走了。阮咸听说后马上借客人的马上马追，边追边喊:“人种不可失。”骑着客人的马去的，骑着鲜卑女回来的。是的，其子阮孚就是那“人种”生的。

大靓仔潘安十二岁跟他爹的朋友杨肇相见，老杨说稀罕我姑娘不，我给你当老丈眼子啊！咔嚓就混了个媳妇。嘚瑟没两年媳妇死了。她的死导致潘安靓仔程度直线下降，丫头发白了！全白！脸也白，跟斯诺克母球似的满城乱逛。

皇上女儿不愁嫁，皇上媳妇不愁姘。晋惠帝司马衷的媳妇贾南风丑得像车祸现场，但情人一大堆。并且不避忌，跟太医令程据聊天用大喇叭，聊得全城皆知。兴致起来开车上街抢靓仔，回宫咔咔聊。她可以随便聊但不许老公司马衷聊，若司马衷把宫女聊怀孕的话，马上送南国妇科医院。

晋朝许允的老婆丑到什么程度？新婚之夜俩人一照面，许允吓得癫痫发作口吐白沫满地打滚，滚到门口站起来就跑，博尔特都追不上。有人劝说结婚不容易，你吐吐就习惯了。许允顶住恶心回家再见老婆……哇，又吐了。

晋朝令狐策梦见自己站在冰上，冰下有人跟他说话。大仙索紞解梦曰：冰上为阳冰下为阴，阴阳事也。你要给人介绍对象。策曰：我这么大岁数不扯这犊子！谁料没两天太守田豹就让他给自己儿子介绍对象。自此后媒婆便被叫成“冰人”。又到北宋年间，有媒婆王氏设计毒死武大郎。自此媒婆使的毒，便叫冰毒。

成语“我见犹怜”故事是这样：东晋桓温的老婆是南康公主，此女凶悍善妒。桓温找了个小三，南康知道后反应很猛，拎刀去劈小三。小三反应很萌，头可断，发型不能乱。赶紧梳头，梳完说，砍吧。南康被萌翻了，不砍了，抱着小三说：“我见犹怜，且行且珍惜吧。”于是一家三口甜蜜地生活在一起，直到永远。

《晋书》中有一对小夫妻，男的出去当兵几年不回，女方家长逼着姑娘改了嫁，姑娘刚烈自己死了。当兵的老公回来后坐坟头拍大腿哭，不过瘾把坟挖开抱着尸体哭。女的居然醒了，夫妻双双把家还。夫家听说后过来要人。官司打到法院，法官最后判决：谁挖出来的归谁。网友回复：应该归郭嘉。

汉晋时代房中术功效传得神乎其神，葛洪在《抱朴子》里引用了这么一段话：“闻房中之事，能尽其道者，可单行致神仙，并可以移灾解罪，转祸为福，居官高迁，商贾倍利，信乎？”去他妈的乐死我了。按这说法夜总会是：组织部、医院、股票交易所、法院合体。嗯，还要加上航天部，因为能升天当神仙。

后赵太子石邃荒酒淫色，做他的手下最倒霉，没事就去慰问，嘘寒问暖后就把手下的女人给干了，“夜出于宫臣家，淫其妻妾”。这还不算太倒霉，最倒霉是做他的女人，干完不算，脑袋还得被切下来，洗干净放盘上与宾客互相欣赏，跟他妈圆明园兽首拍卖现场似的。

苻坚久仰龟兹青年沙门鸠摩罗什的大名，派吕光出征西域，说如果遇见鸠摩罗什，就送回来。吕光攻陷龟兹真遇见了罗什。吕光不信佛，也就不把大师当回事。闲没事还祸害大师玩——逼着罗什娶龟兹公主，罗什不干，灌醉！跟龟兹公主一起塞进密室，大师就该干嘛干嘛了。

411 年邪教首领卢循兵败，先把老婆孩子杀了，再给姬妾一道操蛋选择题:“我要自杀,你们想跟我死还是想活？”薄情寡义是大部分，直接说不想死。只少数人说：“生，是卢循的女人；死，是卢循的死女人！”卢循怎么做？当然把不想死的都特么弄死了。想死的，毫无悬念地弄死了……妈蛋啊，都得跟你走，还他妈问个毛线啊？

北魏太武帝拓跋焘看上了宋孝武帝刘骏，要他当自己女婿。刘骏不干，拓跋焘就揍他，把刘骏打得满街跑。蹲街角喘粗气的时候，街对面的拓跋焘送来聘礼说，你跟我姑娘结婚就不揍你。小刘还是不干。看到这乐蒙了，尼玛拓跋家的姑娘得丑到什么程度啊？

北齐武成帝高湛的皇后胡氏，同高湛的亲密战友和士开勾搭上了。和士开是个摇滚青年，弹得一手好琵琶。还擅长握槊，胡皇后就说自己想学，和士开就教。手把手地教，两手相握，黏得跟连体婴儿似的。高湛在边上嘻嘻笑。老和觉得有点别扭，跟老高说你回家吧。高湛就回家当太上皇去了。

中国“一夫一妻制”，妻子在家中的地位很高，“妻，齐夫也。”男人只能有一个合法妻子（妻、妾两个概念），如再娶一个，在唐朝也算重婚罪。《唐律·户婚律》说：“诸有妻更娶妻者，徒一年……”

唐朝官员与贱民不能通婚。扬州县长吴湘贪污下狱，本不至死刑。审查发现他老婆竟然是部曲身份颜悦的女儿，这是坏规矩，砍了。继任法官无意中翻出这个旧案，发现颜悦不是部曲贱民，不但不是，还曾在青州做过官，很是门当户对。然后怎样？然后没怎么样。

唐朝管国公任瓌怕老婆。还有理论。刚结婚的时候她装，像个菩萨，你怕不怕？生完孩子护犊像个老虎，你怕不怕？到老了一脸褶子，像植物大战僵尸的窝瓜，你怕不怕？前两个理由我没啥意见，说到窝瓜，乐啦。高晓松有什么可怕的！

唐太宗的女儿合浦公主下嫁房遗爱。小两口畋猎时路遇辩机和尚，公主喜欢，拉住就搞。合浦讲究人，给小房戴完绿帽子后有点不安，为平衡，补偿小房两个姑娘让他耍。看到这儿推想，如果补偿的两个姑娘也给小房戴绿帽子，再补偿，再戴，会怎样？“春天把绿帽子种在地里，秋天收获好多绿帽子？”

金城公主是唐中宗的养女，雍王李守礼的姑娘。神龙三年吐蕃赞普遣使请婚，中宗许嫁。景龙四年春公主入藏，未婚夫姜擦拉温兴高采烈迎亲，路上发生意外——摔死了！彩礼给了这事不能拉倒。怎么办？嫁给公爹尺带珠丹——煮熟的鸭子可以飞，你不行。

唐睿宗李旦有个琵琶名叫玉环，他儿媳妇也叫玉环，更巧的是他孙媳妇儿还叫玉环！

唐玄宗的姑娘咸宜公主先嫁给杨洄，杨洄死了。没闲着，改嫁崔嵩。崔嵩也死了。再嫁不出去了，于是修个道观出家了。道观叫咸宜观。咸宜死后，来了个鼎鼎有名人物，就是鱼玄机。重新装修咸宜观，成为搞破鞋圣地。广告语：老幼咸宜。

唐玄宗要嫁妹妹，打算把玉真公主许配给个方士，傻逼小子不给面子说："谚谓娶妇得公主，平地生公府，可畏也。"意思是取个公主在家，相当于住进了检察院，没事也能找出事，不敢不敢，不干不干。这方士叫张果，就是张果老。他不娶公主是因为爱骑驴。

唐肃宗的女儿宁国公主，始嫁郑巽，郑巽死了。又嫁薛康衡，薛康衡死了。乾元元年，再嫁回纥英武威远可汗，半年后，可汗也死了。肃宗哀叹道：姑娘啊，别人家是嫁人，咱家是嫁祸于人。

韩愈有两姬，一个叫绛桃，一个叫柳枝。二人擅跳脱衣舞和十八摸为韩愈助兴，韩出公差就思念她俩，就写诗。他思念她们，她们不思念他。柳枝不甘心天天跟老头子聊天，决心追寻自己的幸福爱情！趁老韩不在家跳墙跑了，可惜叫柳枝不叫红杏，出不了墙让人逮住了。韩之后只宠绛桃，她屁股跟名字一样，桃形。

唐顺宗的女儿襄阳公主嫁张克礼，这老娘们不好好在家待着，天天上街买帽子，专挑绿的，回家就给老公戴上。陪同公主购物有薛枢、薛浑、李元本等人。公主最爱跟薛浑逛街，逛一次，买一顶。她老公帽子太多压得脑袋缩进了胸腔，实在受不住了跑皇上那告发这对狗男女。皇上怎么处理？把薛浑送三亚度假去了……

唐朝太子办公室女职员名单：良娣二人，良媛六人，承徽十人，昭训十六人，奉仪二十四人；司闺、掌正、掌书、掌筵、司则、司馔各二人；掌严、掌缝、掌藏、掌食、掌医、掌园各六人……理论上，这些女人太子都可以性骚扰。理论上，骚扰后不能理论。唐朝虽然姓李但有时不讲理。

《旧唐书》说安禄山认杨贵妃当妈，“后请为贵妃养儿。”《通鉴纪事本末》补充这个故事说，杨贵妃收下比他大十多岁的安儿后，做娘很合格，丫用锦绣料子特制的大襁褓包裹住安禄山，让宫女抬着在后宫花园里旅游，一口一个儿子地叫。更过分是此前的“洗儿礼”，小肥羊把安禄山扒得一丝不挂，按浴缸里给他洗澡！这，就是生肖中“无码为杨”的由来。

五代南唐内史舍人潘佑有文才，但长得霸丑霸丑。某次他媳妇对镜臭美，潘佑就在后面欣赏，媳妇擦完雪花膏一睁眼看见镜子里的老公，妈呀一声从凳子上摔个仰八叉。与此同时老潘自尊心也摔个稀烂碎，一怒之下把媳妇拉进了黑名单，离、婚、鸟！

大概在唐宋开始，婚礼服开始选用鲜艳的布料（之前是黑色系），男服一般是红色系，女服绿色系。这大概是“红男绿女”一词的由来。这个组合就是交通灯。这个比喻是很严谨的，因为红男绿女在一起，肯定涉黄。

沈括勾女大法：剪一纸人固定在一根琴弦上，弹动和该弦频率相同的另外一根琴弦时，那纸人就跟得了脑血栓的吴老二一样全身发抖，这就是共振现象，沈括称之为“应声”。可惜沈括抠到女之后，自己就成了主角，他的二老婆极度彪悍，经常把他打得全身发抖。

大金国娶媳妇不花钱，有酒就行。“婿纳币，皆先朝拜门，戚属偕行，以酒馔往，少者十余车，多至十倍。”上百车酒运到新娘家，开始往死里喝，金国传统是喝醉的要捆起来，不然这小子会冲动杀人。于是婚宴画面就好看了，一堆捆白布的木乃伊，植物大战僵尸！

明朝大学士高谷的老婆，悍妇，但生不出孩子，于是买了个小妾。买了却不让高谷用。户部侍郎陈循来高家喝酒，高谷说起这事，大老婆忽然从屏后窜出，大骂高谷。高谷没脾气，陈循倒是来了脾气，一棒子把高谷大老婆打翻在地：“操你妈让不让他用？”让了，然后生了孩子……隔壁帮生孩子这事真的有啊！

隆庆二年明朝民政部婚姻登记处摇身一变成了火车站售票处，排起了足足八千里长队，起因是宫中要选淑女。都知道进去没有性生活，于是全国未婚女性见男的就上，上到八十下到八岁……是男的就嫁，物价飞涨，婚庆公司忙得六脚奔腾……一个月后消停了，尼玛消息是谣传！这就是“拉郎配”故事由来。

《堪隐斋随笔》载大兴县一户人家迎亲，女方嫌彩礼太少不嫁！闹得很凶，一看热闹的发现新娘子挺好看，说："我认识个有钱人，嫁不？"女方问多有钱啊？我要嫁世界首富的。"比尔·盖茨算毛，再说丫天天微软，我们这位梆硬，包你性福。"女的真跟着去了，到了发现看热闹的没撒谎，有钱梆硬的是万历。

皇上媳妇无数，只要看上眼就能办，所以口头禅是：朕射你无罪。洒向人间都是爱。自然孕产难寻规律，所以京城要常备奶妈，明朝规定每年每季要在民间选"奶口"，一季四十人养在锦衣卫的"奶子府"，另备八十名候选随时等宣召，一季一换保证"滴滴鲜浓，回味绵长"，不要山西人，她们产的酸奶，小孩喝不惯。

《清稗类钞》关于"跳槽"解释：妓女跟嫖客在合同期内私自毁约，跟更有钱的大老板扯淡，这跟马换槽子吃饭一样，就叫"跳槽"。这词明朝就有，冯梦龙在《桂枝儿》里曾写过："两情深，罚下愿，再不去跳槽。"若不换老板从一而终叫什么？答案是：卧槽。

长平公主封号是清朝封的，原叫坤兴公主，本名朱徽娖。她妈生完血崩死了，周皇后养大的，刚养大被崇祯一剑砍断胳膊，一剑成名"独臂神尼"。真实的她不是出家而是出嫁。清朝让他嫁给原来的未婚夫，不过嫁过去就死了。相传死时有几个月身孕，请问韦爵爷，谁干的？

清朝公主结婚后皇上会给个别野，但驸马和公主要分居，扯淡必须保姆。整个清朝公主生孩子的没几个，只有一个特殊，道光的大姑娘某次进宫说："爹，据说我嫁人了？我老公长啥样？一年多一次面没见着。""怎么回事？""保姆不让见。""她个死老娘们管得着吗？回去扯！"咔嚓，扯出八个孩子。

清代名将胡林翼在南京时天天去洗头房，没钱他老丈人陶澍给。陶的理论：胡以后肯定要干大事，现在不搞以后就没时间了……谁是"大事"？

太平天国男女分居，东王杨秀清下属陈宗扬平常都住办公室。1854年这天没憋住，夫妻同宿被杨秀清捉了现行，竟然被宰了！这事引起骚乱，说老杨太不近人情。老杨迫于压力自我惩罚，不过很没诚意，他脱裤子让弱不禁风、手无缚鸡之力的女官拍五十板子。尼玛，这不是打，是异性按摩。拍完道：加个钟！

1861年咸丰皇帝挂了，所有娱乐活动全部取消，婚丧嫁娶必须停止，就在这一年曾国藩娶了个小老婆。老曾这年五十多了根本不是想扯淡，冒着被全国道学家骂的风险娶妾的原因竟然是——他的牛皮癣实在太严重了，让小老婆帮着抓痒。所以说老曾最恨的不是太平军，而是街上贴小广告的。

恭亲王爷的大女儿是咸丰最喜爱的亲侄女，慈禧也特别喜欢她，就把他指给景寿的儿子为婚，婚后不久守寡了；慈禧另外喜欢的人是庆王的女儿四格格，也指婚了，刚结婚就守寡了；她还喜欢内务府大臣庆善的女儿，指婚给自己的亲侄子。猜对了，也守寡了。慈禧乃清王朝当之无愧"寡头"！没有之一。

清朝选秀女时，皇上穿常服到指定地点坐沙发上等。各旗秀女的车停在神武门外，官员带秀女到御案前站着，不跪不叩头。站一会儿轮下一个，一个一个地过……情形跟日本料理店旋转台一样，唯一区别是选中的你不能当场拿，要另行发通知。嗯，还是东莞好。

溥仪选老婆是看照片，他自己说："在我看来，四张照片都是一个样，实在分不出丑俊来。"最先在文绣照片上画了个圈儿。但端康太妃不满意，溥仪挺听话，在婉容照片上也圈了下……问他为啥最先选文绣，溥仪答：她长得很好玩。

满族结婚有个传统，新娘下轿后，先要跳过一个火盆，再跳过一个马鞍，最后新郎对着她射三箭，驱邪保平安的意思。溥仪结婚时，临时传谕说不射了。他弟溥佳问怎么回事？答曰：近视眼怕扎死媳妇，另外自己从来没射过箭。妈的，溥仪一辈子没孩子，一语成谶。

用被子包着脱光衣服的妃嫔由太监抬着往皇帝寝宫送，这事有点假。实际的制度是每晚皇帝吃饭时，小老婆集中在某个大厅向太监递写自己名字的绿头签，皇帝翻签，首领太监叫被翻的留下，其余的散去。就是这么简单。没有给太监看人体的机会。ps. 皇后不参与这种事，皇上要找她聊天，得自己去。

宦官和宫女的伴侣关系，称菜户或对食。但"对食"涵盖面更大些，它可以太监对宫女，宫女对宫女，太监对太监多项组合。用扑克牌来解释：可以用草花和方片组成"对 10"，也可红桃、黑桃"对 10"；而"菜户"稳定性很高，就是太监对宫女。再用扑克解释：

方片和红桃，不用用黑桃，黑桃下面有棍。

上门女婿大概分四种。第一就是最普遍的养老送终型。嫁过去就不回了。有的就改为女方的姓。第二种是契约性（这字我还真没打错），男方实在没钱娶老婆，跟女方家签署协议：我给你干三年活，你给我过三年性生活。时间到了把女的领回家。养老送终不关我事。这个形式给我看乐啦，尼玛这不是临时工吗？

第三种上门女婿是“归宗型”。中国是宗法社会，上门女婿很丢脸，所以一般不能认祖归宗。但这类可能是事先跟家族商量好。给老丈人干完活，回家。第四种很爽，叫“出舍婿”，结婚后和老婆找房子单过，只有老丈人生病或者死了去意思意思。但这种人几乎分不到老丈人的家产，第一种可分。

若是这小子特能干发家了怎么办？首先前面所说的四种上门女婿，进门时都要签署合同，你带来什么东西写清楚，我家里有什么东西也写清楚，并写好其后如何分配。明清开始，如果发家了，所得财产与女方家平分。黄金荣就是上门女婿，发达后继续受气，他老婆非要把“黄家花园”改名叫“叶家花园”。

几个出名的上门女婿：黄金荣上门叶家；后汉开国皇帝刘知远曾经“为晋阳李氏赘婿”，他上门后工作是放马；金太祖完颜阿骨打的七世祖函普，这个厉害，上门时老婆都六十了，更厉害是六十岁居然还给他生了两个儿子；最后是李白，也比较另类，上门两次。

张宗昌的太太品种很多，天津夫人、苏州夫人、上海夫人、杭州夫人……中国籍的叫夫人，外国籍的叫太太，记有高丽太太、日本太太、白俄太太、南洋太太……他的这些女人流动性特别强，夜总会似的或逃或遣散或送人。但随时补充新的，总数保持在四十人左右。张家，最早的世界妇联组织！

1901 年蒋介石结婚，婚礼上不见了。找半天发现跟小孩在门口捡放过的鞭炮。新娘毛福梅这年十九岁，懂事。蒋介石十四岁，应该懂事，但好像不太懂事。晚上小蒋撇下小毛，跑他母亲房里睡去了……当然，后来干了，不然就没蒋经国。

1. 男必至十八岁，女必至十六岁；2. 聘嫁婚书必报官府验明登记注册，无官府加印者不可作为悔婚诉讼凭证；3. 女家收彩礼折银不得过十六两，贫者酌减，富者不可多求；4. 以女居奇，需索重聘者，有违婚姻正义，与价买无异，不能视为地位平等。——光绪三十三年呼兰知府李鸿桂的婚姻法。

武汉男旦刘筱衡漂亮，于是被湖北督军王占元的姑娘看上了，叫他来吃饭：“不来也得来！”饭桌上姑娘说我要嫁给你：“不娶也得娶！”刘筱衡说攀不上，不欢而散。再演出宪兵把守戏院谁都不许进，你去哪演出宪兵就跟到哪。只好跟王姑娘结婚。谁料！婚后俩人特恩爱生了一堆孩子！操，什么破故事。

《沽上杂感》说了民国时代天津娶媳妇的流程，与北方各地习俗一致。只一点听了比较新鲜：聘娶时只提月份，问女方：“上个月好还是下个月好？”意在避开大姨妈，若没避开的话叫“尿轿”……很人性化嘛。

民国岭南地区闹洞房一例：“闹房之际，会友毕集，新娘立于中庭，会友乃多方调笑，或令新娘不能为之事，稍不如命，即多烧爆竹，新娘面目手足常为火烧伤，其情状恍若囚犯之行刑。”用鞭炮炸新娘不算什么，更猛是下面这句：“更奇者，闹房时不许新郎在侧。”

辽西锡伯族婚礼上“合卺”环节跟汉人一样喝交杯酒，另一个环节是抢肘子，新郎新娘喝完后一伙人冲进洞房哄抢桌上的大肘子，扭成一团连踢带打，抢到肘子的夺路而逃，后面一群人狂追狂骂：“马拉格比，拉格比。”恰巧一英国人路过，于是橄榄球运动诞生了。是真的，橄榄球英文就叫“拉格比足球”。

结婚迎亲时新娘的姐妹守住门不让进，新郎和兄弟往里冲，以及抱新娘下楼，蒙红盖头都是上古“抢亲”遗俗。刚翻书说锡伯族在上世纪 20 年代还有人抢婚，是真抢。抢婚成功的新郎肯定被打得头破血流，更惨的是眼睛会被人射瞎成独眼龙，新郎成新浪了。

朱自清与武仲谦感情特好，婚后十三年时间生下三男三女。可惜的是武仲谦红颜薄命肺病亡去了。朱自清悲痛万分发誓终身不娶。然后，和陈竹隐幸福地走进结婚礼堂。

于凤至很够意思。她和张学良是包办婚姻。张最初不想娶，不娶就不娶。张反倒来了精神。婚后小张乱搞，乱搞就乱搞。张跟赵一荻结婚必须跟她离婚，离婚就离婚。孤身一人在美国炒股发家，在好莱坞山顶买了两栋别墅打算给张学良安家。张不来，不来就不来……张学良跟赵四混了一辈子，她却一次没找过刘能。

五四亲历者周俟松这天除了闹事还有意外惊喜：烧赵家楼时见一男青年留着披肩长发，周小姐觉得太他妈酷了！1922 年鲁迅接待爱罗先珂的欢迎会，周小姐再次遇见长发青年，还是那么酷！再过两年，周小姐嫁给他了，长发青年就是许地山。革命爱情两不误，搂草兼职打兔子！

陈群跟孙中山在桂林玩，追皮箱店一个女店员。怎么追？当然先业务往来，老陈买了多少皮箱？这么说吧，他家的皮箱堆起来能玩俄罗斯方块。太多了没处放，给孙中山俩让他装钱用，孙说没钱，不要。陈不屈不挠："那你装文件用！"孙瞅着这二愣子扑哧笑了："你要是真想给我东西，去追潘石屹的员工！"

黄金荣感情生活比较欷歔，他是上门女婿，娶了叶桂生后一直受气，发达后也憋屈，修好黄家花园后叶桂生死活要叫叶家花园。黄不干，叶就不跟他过了。黄就跟大明星吕美玉谈恋爱，没两天被魏廷荣抢了。再跟演员露兰春谈恋爱，没两天又被卢永祥的儿子撬了墙脚，并挨了一顿揍……哥这一生，全是大坑。

凤根六岁死了爹，娘给富豪张家打工到 1925 年出现意外惊喜——十五岁的凤根和张家四少爷扯上了。谁料刚扯上就完蛋，张家不同意，把少爷和凤根赶出了门。俩人穷到吃不上饭意外惊喜又出现，四少的大哥看不过眼，介绍凤根去演电影贴补家用，一演，红了。需要起个艺名呀！好吧，叫阮玲玉吧。

北伐时黄埔军校选拔了两百多名知识女性成立女生队，军校在武昌两湖书院,女生队在一墙之隔的育杰中学,这群“御姐”在“育杰”说他娘的，跟男生的隔墙是“封建墙”必须扒掉！真动手推了个大豁子……亲爱滴御姐们你们错了,真正的“封建墙”是厕所那堵墙。

邹韬奋和叶复琼的婚事是父母之命，邹是新青年，不干！叶说没事你玩你的，我孤独终老算了。邹听完不忍心又干了。但有点生叶小姐爹妈的气，觉得自己命运没自己操盘。婚礼的事找茬终于吵起来，叶爹说中式，邹说必须西式！僵持中有人说这样吧：结婚西式，离婚中式。都满意不？……别信，后面我扯淡。

主婚人蒋锡侯、宋子文;证婚人蔡元培、谭延闿;婚礼来宾:汪精卫、何香凝、褚民谊、李德全、朱培德……排场挺大吧？想更大也行，但新娘宋美龄不想太出风头，差不多就算了。

《去趟民国》里载，郁达夫与王映霞的婚姻没维持几年，就遭遇了第三者插足。所谓“第三者”，是曾为浙江省教育厅长的许绍棣。郁达夫自然对此耿耿于怀，说：“现在他比我有名，再过五十年，我们两个齐名，再过一百年，我比他有名。”

“在银闸一个公寓里，我们是住过同一公寓的，在景山东街一个住宅里，我们也住在同一公寓里，到后在汉园公寓，仍然又同住在那个公寓的楼上。”沈从文《记胡也频》里提到的同居生活，三人：沈从文，胡也频，丁玲。干啥我不知道。

婉容和侍卫偷情的事，当时瞒得很严密。宫里只知偷情，不知怀孕。婉容生孩子时，侍卫李国雄当晚守夜，11点多孩子生了。李国雄替溥仪“喜得龙子”高兴，乐颠颠写了“大人孩子都平安”的条子送到了勤民楼。接产婆张妈说：“二逼，你瞎七八写啥啊，过五百算造谣你他妈不知道啊？！”

1934年联华公司举办除旧迎新晚会，王人美和金焰穿蓝布褂参加联欢。新年钟声响起时，只见这二人伸手从兜里掏出红牌挂衣服上，同事以为要变魔术。细看牌子上写着“新郎”“新娘”，宣布俩人结婚了！我去，这事办得够鸡贼，一分钱木有花。王人美外号“小野猫”，我觉得叫“小凤姐”比较贴切。

岳飞被秦桧陷害，岳雷嗖嗖跑到民女玉莲家。玉莲把他塞进柜子里藏匿，玉莲的娘回家后得知情况，坚决拥护玉莲和岳雷搞破鞋，这就是秦腔《柜中缘》梗概。西安事变当天，张学良请蒋介石看的就是《柜中缘》。然后，张就把蒋塞进了柜子，再然后，蒋从柜子里爬出来，把张塞了进去……所谓“出柜”。

1936年北大校长蒋梦麟娶寡妇陶曾谷当老婆，陶原是蒋好朋友高仁山遗孀，所以颇遭非议。老蒋问儿子小蒋什么态度？小蒋给爹四字评语：老西门庆！

1936年4月26日唐纳婚礼，结束后发现老婆找初恋男友俞启威搞破鞋去了。就悲愤，吃火柴头自杀，老婆回来了。消停没两天老婆又跑去找导演章泯去了。就悲愤，跳长江自杀，老婆回来了。再没两天老婆又跑陕北去了。这次老唐没自杀，惹不起，是的，他老婆是江青。

联华影业公司1937年出品了一部电影叫《王老五》，主人公王老五年过三十五还没娶到老婆。电影很轰动，此后光棍就俗称“王老五”了（“钻石王老五”是民间二次创作，说有钱的光棍）。电影里王老五后来娶上了老婆，有趣的是这个老婆的扮演者叫蓝苹……

1937年1月1号柳州县长杨盟主持柳州第一次集体婚礼。须知如下：1. 到政府领取申请书填表；2. 男女四寸照片三张；3. 着装必须制服。4. 缴纳二十元礼堂费。多少人参加不清楚，估计不会多。主要是须知还有一条：结完婚就算拉倒，谁敢回家摆酒罚死谁。

解放后丁玲给青年作家讲话中彪悍地说：什么思想解放？我们那个时候，谁和谁相好，搬到一起住就是，哪里像现在这样麻烦！

50年代中期，沈从文被通知接待市里领导。沈等了半天才知道接的是吴晗，就躲了。问为什么？答：“我怕他恭恭敬敬地对待我。”因为吴晗算是他的学生，躲开的更深层原因是吴晗当年也追过张兆和。

熊耀华在淡江师专附中读书时班上一共有三十八名学生，只有四个女生，熊耀华对其中一个叫古凤的女生产生了心思。“古凤，咱们交个朋友吧？”“滚犊子！”单恋就这样结束了。熊耀华不甘心，他想到龙配凤，凤配龙，于是给自己起了个笔名叫“古龙”。

有段时间结婚有个雷打不动的环节是新郎新娘对着主席像鞠躬。这位先生相当全国人民的爹，接受完折腰后不会有任何表示。当然也有例外，话说1971年9月有对新婚夫妇鞠躬后，居然得到了一份毛主席亲自派人送来的礼物——一套《马恩全集》和一封亲笔信。谁？李讷。

三马同槽

释义　Three horses always fight.

出处　《晋书·宣帝纪》："帝（司马懿）内忌而外宽，猜忌多权变。魏武（曹操）察帝有雄豪志，闻有狼顾相。欲验之。乃召使前行，令反顾，面正向后而身不动。又尝梦三马同食一槽，甚恶焉。因谓太子丕曰：'司马懿非人臣也，必预汝家事。'"

汉朝一直跟匈奴不对付，刘邦曾被冒顿单于劳动教养过，所以汉武帝要雪耻。武帝名“彘”，这个字意思是野猪，发誓拱翻！匈奴在汉朝上面，匈奴的上面叫月氏（读作“肉汁”，也是一盘菜）。刘彘战略思想是联合拱，于是派小弟张骞去沟通。张的运气实在操蛋，刚一出国，也被匈奴劳动教养了。

晁错建议汉景帝“削藩”，诸王反对，吴、楚等七国发动武装叛乱，史称“七国之乱”，简称“乱七”。晋惠帝司马衷是个傻子，媳妇贾南风掌权，噼里啪啦把司马家的男人都杀了，外地的八个藩王开始叛乱，史称“八王之乱”，简称“八糟”。这就是“乱七八糟”。明白没，只有权贵才有资格乱七八糟。

东汉的陈龟，逮谁跟谁干。时跋扈将军梁冀把持朝政，陈龟就跟他干，上奏折弹劾梁冀。上完害怕了，妈的丫肯定弄死我，肿么办？那就自杀吧。自杀太疼，那就绝食吧。七天，死了。白瞎“龟”这名了。

汉灵帝时，苍梧、桂阳暴动，乱民围攻零陵郡。零陵郡内兵力不足，太守杨璇找了几十辆马车装满石灰，点着马尾巴放出去……暴民先是傻眼，后瞎眼。就这么解决了。白茫茫大地真干净。

周瑜围江陵，魏将牛金以三百骑挑战前锋，被揍。征南将军曹仁，他这个“仁”实际意思是“人二”，虎逼冲天二了吧唧只带数十骑就去救牛金，竟然将吴军劈得稀巴烂。救出牛金后发现还有兵被围，又冲。吴军彻底懵了，撤了。于是牛金得救，成了世界一流学府，培养出一批科学家。

曹操大兵压境，东吴文武聚于孙权帐前议决降还是抗。周瑜道：干死曹操！权拔佩剑砍面前奏案一角曰：诸官将有再言降操者，与此案同！周瑜忽然改了主意，道：大王一刀把桌子四角变八角，这增长率太牛逼啦。咱们玩股票去吧。

北魏太武帝拓跋焘、北周武帝宇文邕、唐武宗李炎，这三个武是和尚煞星。佛教进入中国后，沙门可以免除租税、徭役。发展到后期寺院经济已经影响到国家收入，甚至危及皇权。于是前面的三位皇上分别在444年、574年、844年对和尚痛下杀手，这就是“三武灭佛”。妈的，三武也就灭佛，灭万宝路试试？

249年司马家族政变，将曹魏的曹爽集团一网打尽，主审官是曹家养子何晏。这王八犊子下手才狠，“穷治曹爽一党不惜株连”，将与曹爽有关联的七姓全部下狱。司马懿问：“就七个，不是八个？”答：“就七个。”司马先生道：“七八！七八毛！还有一个你！”何晏就这样木有鸟。

东晋咸和二年寿春守将祖约造反，中央军领导庾亮担心与他临近的周边地区也跟着反，于是写信给江州刺史温峤说：你就在原地守着，别让叛军过来。可以打，但千万不要超过雷池向东出兵。“不敢越雷池一步”典出于此。雷池是古代雷水流到安徽后，地势低洼积水成池得名，跟地雷没任何关系。

因为汉、晋外戚专权，北魏拓跋珪建国初立规矩：立太子则杀生母。因为这个规矩，北魏后宫的妃子生下孩子后男孩都弄死。宣武帝的妃子胡承华生了儿子元诩，武帝太爱小胡，破了规矩。很快，元诩当了皇上，拓跋珪的担心终于发生了：胡承华毒死亲生儿子。胡承华的确不是一般女人，敢想敢干有魄力。儿子死后需要新皇帝，仓促之际找不到男孩，把一个月大的孙女捧上了帝位。这个姑娘就是北魏殇帝。所以，中国第一个女皇帝不是武则天。

北齐王朝只存活了二十八年，六个皇帝全是原教旨自由主义艺术家。总结下来十二字：杀人杀人杀人，乱伦乱伦乱伦。花样百出相当过瘾。文宣帝高洋是绝对的艺术家，喝多了玩行为艺术，把弟弟永安王高浚、上党王高涣关笼子用棍捅，用火烧，突然酒醒开始灭火，不用水而用土掩埋。“掩埋是为了抢救”即出于此。

北周权臣宇文护的主要成绩是三年杀了三个皇帝，江湖人称“屠龙刀”。天和七年三月十八日，倚天剑出场了。这天他的堂弟、周武帝宇文邕说太后最近经常耍酒疯，你给她念《酒诰》劝她戒酒。护不知是计，接过就念：“感情铁不铁？铁！那就喝到胃出血……”这特么是戒酒词？困惑滴回头，宇文邕当头一棒，死了。

建德三年周武帝宇文邕下诏：“断佛、道二教，经像悉毁，罢沙门、道士，并令还民。并禁诸淫祀，礼典所不载者，尽除之。”这一烧，地下小鬼个个精通佛经，天堂地狱混居成了合资企业。如来跟阎王住一个小区，没事一块喝酒。长翅膀安琪儿和牛头马面成了对门邻居，忙着给他俩介绍对象，后来才知道他俩本来就一对儿。

道教在唐初是“国教”。原因很简单，李唐氏族对自己家世底气不足，攀附老子李耳为其祖。李渊上位后对全国僧寺道观清理整顿，下诏定三教顺序:“老先、次孔、末释。”老子地位最高，孔子第二，释迦牟尼第三。老二就从这来的？印度阿三也是从这来的，“老子天下第一”更是从这来的！

唐末李克用追剿黄巢时断粮，无奈去同僚朱温军营借粮。朱温原来是黄巢手下，投降到唐。李克用借粮时讽刺他，他反唇相讥，越说越僵。李克用回房睡觉，朱温怒火难平，放火点了李的房子，不料天降大雨没烧死李。此后撕破脸打，这一打不要紧，打出了两个国家，后梁和后唐。

俞樾考证说:《宋史·张叔夜传》，但云‘擒其副贼，江乃降’。至降后为蔡居厚所杀。”认为宋江并没征讨方腊，而是被朝廷抓到后就宰了，鲁迅也认可他的说法。但宋江真实存在，也确实有三十六个兄弟跟着闹事，只是后期投降朝廷，跟方腊狗咬狗这事没有，捉方腊的是韩世忠。

方腊在江、浙、皖、赣六州五十二县建立政权，宋江带着三十六个兄弟（虚数，谁知道凑没凑够）在山东河北流窜，两股势力大概是太平军对捻军。徽宗又不傻，怎么可能招降宋江然后派他去打方腊？流寇宋江战斗力肯定不行，但出征花钱绝不会省，同样军费开支，干嘛不派正规军？

沈括跟王安石鼓吹变法，失败后倒打一耙处处说王安石傻逼。王复出后大骂沈括王八犊子。除了坑王沈括还折腾苏东坡，看苏诗“根到九泉无曲处，世间惟有蛰龙知”后告密说：皇上是天上龙，苏却要到九泉下去找，实在不臣。又搜了一批证据后“乌台诗案”爆发了。皇上看着“苏”字道：“艹，办！”于是苏家散了。

契丹有八部，八部选举一个“大人”做总头目，三年一换。阿保机被选上过，要流氓连坐三任就特么不退休。八部联合要揍他，阿保机无奈让出沙发，不甘心只做地方首领，写信告诉其他部落首领，说自己的部落发现了盐，过来喝酒庆祝吧！来了，喝了，全杀了。契丹就此统一。

936 年石敬瑭起兵造反，以割让幽云十六州的代价得到了契丹援助，建立了后晋。第二年 1 月 2 日办答谢宴，当石敬瑭得知辽太宗耶律德光有六个孩子后，自告奋勇充当第七个，以便组成葫芦兄弟。耶律德光喝得正高兴，愉快地做了葫芦兄弟之爹。ps. 因为第六个是隐身娃，所以史载耶律德光只有五个孩子。

宋金史都有关胜的记载，建炎二年金攻济南，他死磕，知府刘豫为降金把关胜宰了。一百零八将真实存在原型的可能是九纹龙史进，原名史斌，“建炎元年秋七月，贼史斌据兴州，僭帝号。斌本宋江之党，至是作乱。”后来被吴玠凌迟处死。刑罚有点破坏艺术，最好是扒皮，九条龙能给皮影戏《哪吒闹海》添置一套道具。

不要以为蒙古兵很能打，跟八旗差不多，坐稳沙发就开始完犊子。“成宗元贞二年丙申十月，赣州民刘六十聚众至万余，建立名号。

朝廷遣将讨之，观望退缩……”注意时间，这时候忽必烈才死两年。

朱元璋靠邪教起家，但上台就翻脸。《大明律》规定：“妄称弥勒佛、白莲社、明尊教、白云宗等会……为首者，绞监候；为从者，各杖一百、流三千里。”更过分的是：“若军民装扮神像，鸣锣击鼓，迎神赛会者，杖一百。”赵大妈的，明朝演艺事业遭到了空前打击。

崇祯五年皇太极围大凌河城，孔有德奉命援助，行至淄博一个兵把当地大户家的鸡杀了偷吃。这只鸡影响了整个战局：大户强迫孔有德处死偷鸡的兵，引发激变——士兵把大户全家杀了。上边治孔有德罪，孔反了，攻登州抢了巡抚孙元化新式火炮，带炮降皇太极，皇太极点炮，胡了！

王洽做兵部尚书，崇祯说：“好似门神！”不是什么好话，门神是一年一换的。崇祯的小弟跟他内裤一样，一天一换。在位十七年，首辅换了四五十个。

顺治十一年南明李定国攻新会，有乡下农民要进城避难，最初县令不同意收留，守将跟县令私下商量后说：“让他们进来吧！”麻痹以为能避难，其实是送死。当时守将和县令商量达成的共识是：城里没多少粮了，这批人能吃十天。其后新会被围困八个月，这批农民当然被吃了……

康熙年间福建漳州有个叫“万五达宗”的和尚与十八人结拜，后大哥万礼去台湾帮郑成功反清，他在大陆搞地下党联络反清势力。

大哥战死后被小人诬陷，郑成功撤去了大哥的祭享。大陆的十八人十分激愤。老二郭义和老七蔡禄一气之下降了清，不料反被清政府给杀了。万五达宗说操你妈我自己干！于是有了天地会。

郑成功死后，郑经继承王位曾与清政府进行过谈判，要求承认台湾独立，允许台湾像朝鲜一样不剃发易服，只做藩属进贡。清政府同意……历史就要改写的时候，郑经给鼻子就上脸，继续提出保留厦门作为贸易据点，谈判破裂。后三藩作乱，郑经与耿精忠结盟，派部队到闽粤作乱，彻底激怒清政府。韦小宝，登场了！

道光二十二年五月初八，英军打吴淞口。一炮，两江总督牛鉴就跑了！英军上岸追。牛鉴跑到镇江，英军追到镇江。再跑到南京，英军跟着追到南京。反正紧紧追随，你到哪我到哪。尼玛，这不是总督，这他妈是导游。

1856 年 10 月 8 号广东水师在“亚罗号”捉走私，这是一艘挂英国旗的中国船，当时一名中国兵把国旗扯下来踩了一下。英国说你丫侮辱我，道歉！清政府就不道歉！这小破事最后什么结果？妈的，引发了第二次鸦片战争。

太平天国闹事，广东天地会跟着起哄，两广总督叶名琛来一个杀一个，咸丰五年三个月间杀了上万人。容闳说自己曾去过屠宰场，血流成渠人头遍地，根本没地方埋。最新的尸体是三天前杀的。地上因为血太多已经不吸收了……这个叶名琛可厉害了，跟英国人一交手，就被捉了。

天京事变是这样，杨秀清架空洪秀全，没事让洪给他下跪。老杨玩得很爽，洪不爽，暗命韦昌辉突袭东王府干掉杨秀清，再杀石达开全家。韦胜利完成任务后，被洪秀全随即干掉。这事有点像循环多米诺。杨秀清专治洪秀全，洪秀全专管韦昌辉，韦昌辉专杀杨秀清。更像石头剪刀布。

导致曾国藩组织湘军的关键人物是郭嵩焘，最初老曾不想趟这趟浑水，郭说："太平军太操蛋了，砸孔庙宰儒生，他们拜上帝教处处跟上层文化为敌也就算了，民间文化也不放过，连关二岳飞的庙也砸，底层人都恨死他们了。这群混蛋绝对长不了，最后的结局肯定是败，你不干？"老曾说还有这好事？上！

咸丰七年十一月英法联军攻广州，要总督叶名琛出降。不战、不和、不守、不死、不降、不走的"六不总督"叶名琛根本不搭理联军。如此自信是他爹叶志诜乃超级大仙，扶乩得出天机：不用理睬，过了十五准没事。叶老的扶乩是真准啊！过了十五确实没事了——十四号英军攻陷广州。

帮会闹事显著特点是出位，特别好看绝对视觉盛宴。且看惠州起义：革命党没空来，洪门三合会自己演，会员头裹红巾腰缠红带手握红旗。最漂亮是领头大哥，除了以上装扮，脑袋再插京剧用的翎子，胸前还挂着一朵大红花。清军晕了。你们是来打仗还是来迎亲？

1900 年 6 月 19 号，第四次御前会议，慈禧决定开战。光绪说再商量下，慈禧说你给我滚蛋！光绪这边人说，实在要打就跟法国单挑吧。慈禧说要玩就玩大的！俺们巾帼英雄慈禧老太太太牛逼啦，6月21号与十一个国家同时宣战，创造了人类战争史上的奇迹。

1902年1月16号革命党策划了一次刺杀袁世凯行动，四个小组每组五人在袁上朝的路上堵，第一组在三义茶店楼扔炸弹，没响。在附近酒楼上的第二组接着扔，袁车速快，炸弹落地时车队已经过去了。革命党人也是真猛，四组回合接着炸，可炸弹就他娘的不响，全被按住了。袁车上冷笑：没有两个王，炸个蛋啊！

1905年同盟会成立，孙中山建议用青天白日会旗（跟现在国民党旗不一样，特像日本国旗），下面人就不高兴，不服。后来各自为政。江沪一带以陈其美为代表用五族共和的五色旗。湖北用代表汉民族聚集地的十八星旗。最有个性是陈炯明，他认为革命者很二，怎么看都二，横竖都是二，于是用了井字旗。真事。

同盟会第一打手张继留日把辫子剪掉了，被留学监督一通臭骂。张火了。这次没动手打人，但阴招比打人还狠。他约了两个人堵住监督，一个抱腰一个抱头，张先生拎着剪刀"喀嚓"一声把留学监督的辫子干掉了。做完扬长而去，只留下监督抱头痛哭。参与实践的另外两个坏蛋是：陈独秀、邹容。

徐锡麟起事太荒唐。徐先杀死安徽巡抚恩铭后，以为自己巡警学堂的学员会跟着闹事，谁知枪一响都跑了。徐逼着剩下的三十多个学生到军械库抢枪，子弹和枪型号又不一致，就散了。清军闻讯围剿，只剩徐锡麟在抵抗。关键这哥们杀恩铭时眼镜碎了，高度近视瞎放枪，一个都没打到。

宋教仁为发展东北革命党1907年到丹东找土匪，4月1号到，因为是愚人节没敢给土匪写信。3号写信约见面，7号还真就见了；宋一通胡说八道土匪活心了，同意将三千土匪，一人一枪，马约千匹的绺子改名“同盟会辽东支部”，宋很高兴自己也改名为“桃源宗介”。宗介就是中介，意思他拉皮条子的能力无与伦比。

传广州城瘦狗岭有帝王之气，清政府的解决方案是每年轰他十几炮。辛亥年（1911年）二月广州将军孚琦照例去轰了几炮，回来路上被革命党人伏击枪毙，革命党胜利！革命党人逃到水边，被巡警抓住枪毙，清政府胜利！没两天辛亥革命成功，警察又被革命党抓住枪毙，革命党胜利！

李寿铨说，1911年3月29号黄花岗起义，流弹打中黄兴右手，断一指、伤一指。4月2号逃到香港做手术切掉伤指——食指中指没了；还没完，第二年6月9号在南京办公室跟人谈话兴起，突然挥臂作势，恰巧边上有台大电扇——无名指也没了！玩不成剪刀石头布也就算了，由于只能左手，发型从左偏分改成了右偏分！

1911年11月3号革命党打上海制造局，敢死队的头头陈其美还是很猛滴，可惜队友猪一样。制造局守卫只开枪打死一个，整个敢死队都散了。陈其美没退，手握炸弹往前冲打算同归于尽。画面很悲壮很悲凉，可惜高潮就要来临时，丫一个趔趄摔趴了，随即被按住，吁~

1911 年 11 月 11 日这天是国际光棍节，袁世凯派蔡廷干、刘承恩南下跟黎元洪见面谈南北议和。议和主要矛盾是君主立宪还是共和。袁倾向君主立宪，但凡事好商量，最重要是中国千万别打仗。此时革命党要人普遍对袁有好感，对孙不信任；各退一步：你退一步别君主立宪，我们让一步你当总统。

黄兴、汪精卫一帮人说袁只要拥护共和，大总统肯定是你的，最终谈判的结果是,南方不选临时大总统位置肯定留给您。袁还没表态，孙中山回国了，放出话“革命之目的不达，无和议可言”，随即在 1912 年元旦就任中华民国临时大总统。黎元洪傻眼了，革命党怎么这么干？南北之战一触即发。

洪立昇说 1912 年某天去南京夫子庙玩，见一中年人唾液横飞在演讲，内容是南北到底打不打，政治形势南边比北边强，军事实力北边比南边猛，但革命本来就是艰巨的只要坚持到底克服困难一鼓作气趁势进攻革命就能成功！你们说打不打？听众异口同声：不打！中年人灰头土脸说：知道了。这人是孙中山。

民国选举很嗨滴：苏州初选省议员，共和、统一、国民、自由各党均设选举人休息所，招待颇为周到，吃喝玩乐来回路费，甚至化妆品全盘提供。桂林选举时，送代表特产“桂林米粉”，可凭兑换券去粉店吃，不吃可以换钱;柳州离桂林最近，是不是也送特产？他们特产是——棺材。

BBS 拍砖不算什么。民初国会议政，会场外总是停着一排车。不是的士，是 120。因为只要开会议员就开打。每每头破血流。这群人逮着啥抡啥，墨盒是他们最钟爱的武器，一言不合抡起就拍。工作人员没办法，只好把砚台焊死在桌子上。

1917 年十月革命，白俄请北京政府出兵，情况如下：步、骑、炮四千人混编从永定门上车到奉天，转南满铁路到长春，再转车哈尔滨，步行到绥芬河出国界，折腾了一圈到伊科马下车。发现仗快打完了。

中国打仗使用箭阵时，主要靠抛物线把箭扔过去。只要方向对就行，跟瞄准没啥关系。这一优良传统直到火器时代依然保持，中国士兵开枪从不瞄准。张勋复辟和段祺瑞干起来时，几万人火拼。据观战的莫理循说："一个都没打死，中国战争就是中国足球，可以随便射，就是射不着。"

五四运动不八了，说下后面的事，4 号当天抓了三十二个学生后，北洋政府国务总理钱能训在家开会，北京卫戍司令段芝贵说："宁可十年不要学校，也不能再容一日如此学风。"学生太操蛋了，必须治。参与游行的学校全部解散，校长管教不严一律免职！讨论得正热火朝天，谁料，总统徐世昌把学生放了。

5 月 7 号学生复课，段祺瑞、段芝贵这群人生气，在报纸上骂学生。学生确实有点过，把曹汝霖房子点着了，还打了来曹家串门子的章宗祥。总统徐世昌为了平衡，给曹和章每人各五万块修房子和养伤。人家把钱退回来了，还捎来一句话，逗死了："徐世昌，我们不是金钱可以收买的！”

段祺瑞一伙逼着蔡元培辞职，学生说校长辞职我们就闹。徐世昌这时候已经管不住了，去他妈的爱闹闹去吧。段祺瑞得寸进尺提出更换教育部长，学生开始上街，6 月 3 号两千人上街，抓了一百七。谁料 6 月 4 号四千学生上街，抓了七百。学生放话明天上街的更多！段祺瑞惧了，5 号，学生全放了。

1920 年川军和滇军掐，滇军先是接连打垮川军，川军急召刘伯承部应战。受任于败军之际的刘伯承与滇军殊死搏斗，越战越勇，终于将滇军从成都打退到贵州，滇军一个旅长被打得丧胆亡魂，化装从小路逃回云南。这个旅长，就是朱德。

直、奉系都是从北洋那边分出来的，所以军服看不出什么区别。第一次直奉大战为了彼此区分，张作霖有钱，用的是不脱色的黄色和蓝色的布条绑在胳膊上，吴佩孚的直系在胳膊上绑随处可见的红布。两军厮杀，直系兵把红布撕裂成了五条。奉系东北兵惊呼：“矮马，都是五道杠大队长啊！”惹不起啊，遂兵败。

奉系不甘退出角逐，回东北后又联合皖系段祺瑞与南边的孙中山，结成同盟后于 1924 年再战直系曹锟。张学良花钱买通了直系冯玉祥，冯二五仔临阵倒戈直系惨败。小八卦：奉系军队开到天津时张学良去见曹锟的四弟曹锐，说：“四大爷，我正跟三大爷打仗，外面乱，你别出去。”

周俟松回忆录：1926 年 3 月 18 号，学生游行到政府门口要段祺瑞对话。三声大炮后，开枪，军警打人。周俟松左肩被打伤，被揍同时见李大钊脑袋和手全是血；19 号统计死了四十七个。其中最出名的是刘和珍。文章就这样结束了，段祺瑞下跪只字未提。ps. 许广平当天也想去，被鲁迅骂回来抄文章，捡了一条命。

北伐战争最后阶段，根据地一直在西北的冯玉祥跟蒋提出把河北给他，因为有天津港口。蒋说你要山东吧（这他妈不是扯嘛！山东日本人正占着那）。冯就磨叽，蒋犹豫不决，1928 年 5 月跟阎锡山见面聊天谈河北怎么分配？老阎一句话就把河北弄到手了。“你翻开书看看，哪个人没吃过冯玉祥的亏？”

唐生智信佛，推广佛教的手法是让部下都信，湘军第四师摇身一变为“佛军”,士兵佩戴“大慈大悲救人救世”佛章,军队检阅时吹法螺，高呼:啊米豆腐。与北方的冯玉祥用基督装潢军队有相映成趣之妙。阿弥陀佛和阿门哪家强？老唐这个。1928 年两伙掐过，最后释迦牟尼把耶稣打跑了。史称：两阿战争。

冯装病，桂系李白看出他与蒋不合，说：“叼那马，我哋一起反蒋好咩？！”冯就答应了，李白转身就去打蒋。蒋找冯玉祥说：“娘希匹你帮我打李白，有好处！”冯也答应了。冯确实集结了部队，但坐山观虎斗。结果桂系李明瑞倒戈，这仗没打就散了。冯由此得罪了中央军和桂系，两边都骂他是王八犊子。

1930 年 4 月 1 号愚人节这天，反蒋联盟的阎锡山就职中华民国陆海空军总司令，准备跟蒋中原大战。民国很有趣，你打你的，我玩我的，就在 4 月 1 号这天，民国第四届全运会在杭州胜利召开。蒋介石是名誉主席，林森、戴季陶、何应钦全去了。十四个省、七个特别市和华侨共二十二个地区的一千五百多运动员参加。

中原大战开战前，吴稚晖曾经斡旋，给冯玉祥发电报说别跟蒋打，冯回电一通臭骂："革命六十年的老少年吴稚晖先生，不言党了，不言革命了，亦不言真理是非了，苍髯老贼，皓首匹夫，变节为一人之走狗……死后何面目见先总理于地下乎？"

1930 年 9 月 18 号，张学良通电拥蒋，东北军入关，反蒋联军彻底崩盘，阎锡山部回撤，但冯玉祥还想继续打。9 月 28 号给吉鸿昌电话说咱哥俩一定要坚持啊！电后，冯骂个不停！怎么回事？很有趣，老吉已经投降蒋了，但心里有愧不好意思。跟冯玉祥这么说："大哥，我投降是苦肉计，我是去当黄盖的！"

1930 年中原大战初期张学良中立，蒋介石拉拢张的手段好玩，他派张群、吴铁成、方本仁到东北跟张学良打麻将，从沈阳打到葫芦岛，打到北戴河。日记记载了一次盛况，乐蒙了。张群出了张九万说，这是老蒋给你的；再出个幺饼说，这是阎锡山给你的，画饼充饥。最后老张跟了蒋，因为，我出场了！

中原大战发生过这么件事：5 月 31 号反蒋联军的郑大章骑兵部队夜驰八十里，奇袭归德飞机场，烧毁飞机十二架，俘虏机师和地勤五十多人后，从容撤退。如果再向前走两步打朱集车站的话，历史将改写：蒋介石就在车站，身边没人……“没事走两步啊！”赵本山遗憾地磨叽道。

中原大战，中央军出飞机，西北军惊恐，冯玉祥又扯他那套：“天上乌鸦多还是飞机多，乌鸦多吧？但脑袋上落过乌鸦屎吗？”二逼将士们被忽悠得心潮澎湃，斩钉截铁道：“不怕！不躲！跟丫死磕！”……第二天，炸死一大堆。

1932 年 2 月马占山投敌，赴沈阳参加伪满“建国”会议。据溥仪侍从蔡运升回忆，马想拐走溥仪，俩人私下聊，溥仪说：我被他们绑票了，走不出去，老家有你这个英雄你放心干，将来再起兵，他们若让我下令破坏你,我宁愿碰死也不签名。马的回答搞死溥仪：“你都被看成这样了，想碰死也不可能呀。”

溥仪的“翊卫军”组成很搞，日本人觉得该给他点亲兵，于是从长春把公署卫队和警察部队的一群乌合之众抽出来拼凑而成，送上车说：“去长春吧！自己报到去吧！”路上这些小子居然给自己肩章上加星，更猛的加金线装军士。到了长春官不认识兵，兵不认识官，稀里糊涂做编制——全了！

七七事变爆发，杜月笙在上海疾呼：同胞们醒醒吧！不要醉生梦死花天酒地了，上海肯定有战事发生。没人信，老杜你危言耸听！马照跑舞照跳。杜月笙没办法只好自己组织救护委员会，大肆征募医药用品、筹备邮工支队……8 月 13 号，日军对上海发动了进攻。淞沪抗战开始了。

陈明仁守四平，林彪部队攻破外城城墙，情况十分紧急，陈明仁部队将美国援助的大米和白面垒成工事防御。巷战时粮食也起了作用，陈部将黄豆洒在冰面上，冲锋的共军滑倒无数。四十天坚守，十九个昼夜的巷战，终于把林彪打撤了……所谓的撒豆成兵。

1948 年 12 月 25 日毛主席说国民党战犯太可恨了！这四十三人一定抓住！名单:蒋介石、李宗仁、陈诚、白崇禧、何应钦、顾祝同、陈果夫、陈立夫、孔祥熙、宋子文、张群、孙科、戴传贤、顾维钧、宋美龄、薛岳、余汉谋、胡宗南、阎锡山、桂永清、汤恩伯、孙立人、马步芳……除了杜聿明，一个都没抓着。

四大皆空

二萬

释义　Everything is nothing.

出处　《四十二章经》二十："佛言当念身中四大，各自有名，都无我者。"

周礼规定，天子六绋，执绋者千人；诸侯四绋五百人；大夫二绋三百人……就是拉纤。说《纤夫的爱》形象绝不为过，送葬时真的要唱“挽歌”。当然有伴奏，孔子以前就是伴奏小乐队吹喇叭的。路边送葬的臣民在边上合唱，所以这一路几乎都是民谣。所谓“民谣在路上”出处即如此。

《史记·扁鹊仓公列传》记载，“安陵阪里公乘项处病，臣意诊脉，曰：‘牡疝。’臣意谓之：‘慎毋为劳力事，为劳力事则必呕血死。’处后蹴鞠，要蹶寒，汗出多，即呕血。臣意复诊之，曰：‘当旦日日夕死。’即死。”项处生病大夫说要静养不能动，不然吐血死，不听，果然发病。大夫复诊说：你丫明晚死！然后，死了……注意“处后蹴鞠”，这小子去踢足球了！中国足球要命啊！

西汉周亚夫任河内太守，一个叫许负的给他看相说：三年后封侯，封侯八年当丞相，过九年饿死。亚夫晕了：“我哥是侯，他死后爵位归我侄，再说当丞相怎能饿死？”许负说爱信不信。三年后亚夫哥犯事，爵位转给了他，接着封相，接着景帝说他造反，老周生气绝食，五天后活活饿死……

平阳公主先嫁平阳侯曹寿，曹寿死后改嫁汝阴侯夏侯颇。夏侯颇死后，平阳不想再当寡妇，解决之道就是找个比她小的男人，开展姐弟恋。平阳公主的姐弟恋人是从小培养起来的，其小男友最初是她的打工仔，这个凤凰男逆袭成功了，就是大将军长平烈侯卫青。然后，元封五年，卫青又被她克死了。

三国大将夏侯渊儿子夏侯荣，神童，七岁能写诗，记忆力超群，日诵千言过目辄识。曹丕听说后召见，宾客有上百，一人一张名片，夏侯荣看过后，地址电话倒背如流，人人称奇。你拿圆周率来，丫依然不惧。羡慕不？嫉妒不？没啥羡慕嫉妒的，这孩子十三岁就死了……知识改变命运。

三国周不疑，神童。刘备稀罕他。后来他跑到曹操那边，曹操也稀罕。稀罕稀罕忽然想到小周这么牛逼，以后会不会祸害曹丕？琢磨来琢磨去，曹多疑把周不疑给宰了。

晋元帝的小儿子司马昱是“皇帝候选人提名奖”头号得主。三岁封琅琊王，后改封会稽王。其后历经六位皇帝，多次提名皇帝候选人，就是当不上，等等等等等等……晋废帝司马奕被废后，桓温让他上了。372 年 1 月 6 日终于当了皇上，9 月 12 日，死了。

前燕国主慕容皝第五子慕容霸，骑马摔断了门牙，他哥慕容儁说你改名吧！就叫了慕容缺。他们家跟马犯冲，慕容皝也从马上掉下来过。不过没改名，因为掉下来就摔死了。

南梁刘之遴，八岁就能写文章，越长大文章越好，直到遇见梁元帝萧绎。萧绎说你丫真有才，比我有才！你咋能这么有才呢？说完，把刘之遴药死了。

按照官方说法，达摩祖师并没有面壁思过这件事。《旧唐书》记载很简单，达摩到中国后，因为和梁武帝的佛教理念不同差点打起来，达摩负气出走，这一天行至嵩山少林寺住下。刚住下，就被毒死了。“隐于嵩山少林寺，遇毒而卒。”

算命大师袁天罡曾给杜淹、王殖、韦挺看相。说杜淹“兰台、学堂全且博，将以文章显”，王硅“法令成，天地相临，不十年官五品”，韦挺“面如虎。当以武处官”。你们三个都能当大官。仨人呲牙乐得正欢，袁天罡说：别美，最后全被撸下来。果然，武德年间，这三人都因犯罪被流放到嵩山。

唐朝怀州刺史李抱真，好方士，冀长生。骗子孙季长为他炼仙丹，李抱真吃了两万颗后肚子硬得像铁锅，随后昏迷。被救醒后孙季长说，何弃疗？离成仙只差一步！不能半途而废！于是又吃了三千颗，然后“嘭”一声，死了……高压锅就是这么来的。

安史之乱玄宗逃到马嵬驿，军士哗变杀了杨国忠，玄宗派高力士问叛军：“完事没啊？”答：“贼本尚在。”意思是杨贵妃还没死不能散，小杨没办法上吊了。尸体用紫色被褥裹着埋在驿站西路边，一年后改葬发现尸体都烂了。《旧唐书》小肥杨姑娘结局就这样。

“酣歌纵酒”，“白既嗜酒，日与饮徒醉于酒肆”，“终日沉饮”。这是《旧唐书》关于李白喝酒的记录，具体酒量没说。李老大爱喝是肯定的，最后含笑酒泉，“竟以饮酒过度，醉死于宣城。”另一派说是因为失血过多（诗写过多）而死，你娘，冷死的。

关于辽太宗的死，宋史记载了一个诡异的预言。947 年后晋翰林学士陶谷夜观天象，发现金木水火土五大行星连成了一串。他预言汉地要出皇帝，而辽太宗马上就死。辽太宗果然就死了。太宗死后又有一颗彗星拖着尾巴往北跑，陶谷又预言，辽国以后自相鱼肉。果然内乱了。陶谷这张破嘴，让贝利嫉妒死了。

退休的皇上就叫太上皇，太上皇的前任如果还活着怎么称呼？靖康之变，徽钦两帝被抓到黑龙江，1135 年 6 月 4 日徽宗死在了依兰。《宋史》载："太上皇帝崩于五国城。"前任的前任也叫"太上皇"。这是庙堂规矩，若按江湖习俗，前任的前任应该叫什么？

洪武十四年河北人口一百八十九万，山西四百〇三万（相当于河南、河北人口总和）。二十一年，户部郎中刘久皋建议从山西移民河北。朱元璋大笔一挥：同意。然后，洪洞县"大槐树移民运动"轰轰烈烈展开，千辛万苦刚到河北，然后，朱棣的"靖难之役"轰轰烈烈展开……全打死了。

侍郎崔铣能喝，放言：满朝文武全白扯，明朝能喝就属我。牛逼的崔铣六十岁这年生了场大病。于是，三十多岁的河南提学副使陈束趁火打劫要和崔铣喝一场。到深夜，陈束已经喝得人事不省。崔铣说："陈束年轻也白扯，明朝能喝就是我。"又喝了十几杯！小陈什么反应？小陈没反应，小陈因为这场酒，呕血死了。

人一多，什么死法都有。嘉靖的工部尚书赵文华，退休后在家无聊摸肚子玩。摸着摸着，肚子突然爆炸了，淌出一堆肠子，死了。特么北京名菜"爆肚"是不是就这么来的？

1566年嘉靖挂了，提牢主事知道海瑞大概要出狱了，带吃的款待号里的海瑞。海以为海枯石烂最后一顿饭，狂吃。得知事情后反应让人瞠目结舌——把吃下的东西全吐出来后开始哭，并且日夜不停。他知道自己这次完了，再没机会翻身掌实权了。

作为半吊子、二把刀的康熙医生，只要身边人生病，他都跟着大夫掺和治疗，死他手上一大堆。唯一一次对症下药是康熙五十一年，这年曹寅疟疾。康熙得过疟疾，传教士洪若翰用西药奎宁帮他治好了。听说曹寅也疟了，康熙赶紧拿出奎宁嘚瑟。遗憾的是药送到扬州，曹寅已经死了。曹雪芹爷爷就这样被快递压货，给干死了。网友说，可能是因为得病时是双十一吧？物流紧张。

靖南伯黄得功某次遇埋伏，对方冲过来一人一马一矛。黄夹矛、掀马、拖人，待落地后用铁鞭拼命砸，最后把人和马砸成肉酱，大喊："还有谁？"全他妈哆嗦了。这还不算猛，1644年与清兵打，左喉中箭，想想活不了了，拔出箭，照自己脖子猛力一刺——自杀了。

1650年3月，黄宗羲去钱谦益家串门，住在钱谦益的绛云楼下。绛云楼是钱的藏书楼，书多，凡是黄宗羲想看的书没有找不到的。钱谦益对黄宗羲说，咱俩闭门不出，就在这楼里看三年书怎么样？"唉呀妈呀太好了！"话音刚落，绛云楼着火了，烧个精光。

乾隆对天一阁藏书楼很感兴趣，派臣工考察图书馆构造、书架的排列等等，画好图纸回来山寨出文渊、文源、文溯、文津、文汇、文澜阁。注意这些字里都带水，就是学天一阁的"天一生水"。只镇江金山寺的文宗阁没水，传说乾隆认为镇江水够多了，再加就不是图书馆而是水族馆……然后捏，没水的文宗阁就着火了。

李然犀说，火烧望海楼教案后，法国人说烧死了我们十八个人，你们也要十八人抵命。曾国藩作为主事人不能推脱。无奈凶手早就逃走了，手下一个叫张七的自告奋勇承办下来。他找到十八个小流氓，许诺每人五百两银子。十八个人就这么把命卖了。抵命后，每家只给五十两。

光绪三年始，山西大灾。翰林院编修李永清将灾情记录在《大荒记》，真惨啊。三年八九月间，“饥民多掘根，剥榆皮食，久而面肿，肿消即死；亦有搏白土而食者，肠断肚裂。腊月，有割死尸食者，腊月间，食生人矣。”四年二月饥民急了，“至抱人头而生食之”。

大刀王五原名王正谊，这位大哥确实跟谭嗣同眉来眼去过。戊戌变法失败，王先生消停了一阵。八国联军进北京，王先生参加义和团拎刀跟洋人干，被抓，在北河沿枪毙了。关于他的大刀，据说跟关羽那把一样，一百多斤，留到 1958 年，然后，大炼钢铁了。

《辛丑条约》签订后，联军要求处死十二个清朝官员。慈禧只好照办。其中直隶司主事赵舒翘死得最闹心。岑春煊带来旨意等赵先生自杀，赵吞金，六个多小时后不死，补吃了一堆鸦片，四小时过后还不死，再吃砒霜，还不死。岑春煊实在没耐心了，用厚纸蘸酒蒙赵舒翘七窍，赵舒翘翘了。翘得一点都不舒服。

1903 年《苏报》案，章太炎和邹容被按进提篮桥监狱，邹容天天在监狱里骂人，骂到 1905 年生病了，多次骂着骂着就昏厥过去。监狱也烦他，说可以保释。手续办完后，带他到租界工部局医院看病。狱方的意思是出狱后健康问题就不关我们事了。医生说挺严重，给了包药，邹容回狱后服下，第二天，死了。

讲个诡异的事件，估计要三条：光绪二十八年三月下旬某日，广东揭阳县大井村居民突然发现梁上掉下来一只老鼠，落地即死；忽听邻居惊叫隔壁也有坠鼠，下午，老鼠横尸整个村落……这天当夜数十人感觉不适，天明，死去三十几人。到下午，一百八十几口人全部殒命。

数日后蔓延到县城，全城惊慌。乡绅找到县长虞汝钧商议对策，虞老爷率乡绅赶赴城隍庙求神，虞在神龛前读完祭文一抬头，面前一堆乡绅尸体，急赶回府闭门谢客不与任何人见面。四月，县城四万两千人只剩两万两千人，一月间两万人毙命。

四月下旬最高峰，布厂丁老板一家五十八口除一个十二岁小孩全部毙命；某许姓十二口，当晚父亲叫儿子买酒，一去一回，许父气绝身亡，半个时辰后，儿子又死，翌日，全家相继死八人；县城西门一天抬尸四百余具……鼠疫。疫情过后，全城老鼠绝种，八年未见鼠迹。

1909 年慈禧奉安大典，就是下葬。十月初一中午，菩陀峪大典现场百官列队，气氛隆重。突然出现四个诡异的小子，拎着大箱子横冲直撞。按住一审是天津福升照相馆老板尹绍耕和他弟弟，来偷拍的。死人也有肖像权，“随手拍解救死老太太”直接后果是这伙狗仔队成员每人十年有期徒刑。

1924 年 11 月 5 号溥仪出宫，侍从李国雄回忆出宫极为狼狈，中午溥仪和鹿钟麟在一辆车里，本来就挺挤了，侍卫也跟着上车，实在太挤，李国雄把脚放在踏板上，半个身子在车外，就这造型从顺贞门出宫到了醇亲王北府。我操，皇上也经历过春运啊。

林徽因他爹跟郭松龄一起反奉，战场上遇到奉军袭击，老林没战斗经验钻到一辆大车下面，挨了好几枪居然没咽气。戏剧一幕出现了：奉军士兵以为他死了，拖出来看他长得不像中国人，以为是日本人，怕引发国际争端，决定烧尸灭痕……梁思成的老丈人、金岳霖和徐志摩未遂的老丈人，就这么挂了。

邵飘萍 1926 年在自己的报纸《京报》上狂骂张作霖，奉系那边捎话过来说，俺们帮过你不少忙，怎么翻脸不认人？邵答：奉军过去帮忙，是帮我个人，今天《京报》的文章，是全体员工所为，与我无关！你们想要报纸不登，可以想办法停下来……ok，奉系那边说，报纸不用停，你停！ 4 月 26 号，把他给毙了！

1926 年 8 月 5 号，林白水在《社会日报》发表评论员文章痛骂张宗昌，其中骂张宗昌的“智囊团”极其辛辣，说他们是张的“肾囊”。骂完很得意——哼哼，张宗昌你能拿我怎样？！然后——林白水忌日是 1926 年 8 月 6 号。

1927 年 11 月 22 日，呼伦湖渔民在湖上凿冰捕鱼。下午三点忽刮大风，把西北边上的冰吹裂！渔民往岸上跑——几十人掉进了湖里冻死，不敢再动等救援。第二天早上救援船带衣服和食品救援，灾民向船冲，二十人又掉进湖里冻死。救援船不再靠近，改向冰面扔馒头。抢，又掉进二十几人。就这样死了一百二十六人。

1928 年 6 月 3 日晚，吴俊升在山海关迎接张作霖的专列，车来了就上去了。当时张景惠正与张作霖打牌，吴俊升非要参加，快到沈阳散了牌局，张景惠回到自己座位，吴俊升坐在牌桌前不走，到皇姑屯……轰一声，吴被铁路道钉穿入脑部当即身亡。张景惠啥事没有，住几天院就回家了，一口气上五楼不费劲地回家了。

靳云鹏对张联棻说："6 月 3 号我跟大帅出关，天津站停下时上来个副官，说日本领事馆有信，晚上八点坂西利八郎要跟我谈山东鲁大公司的事。只好下车回家，谁想坂西利八郎放了一大和平鸽子。"老靳接着说："我一夜没睡，总觉得有大事，第二天接到电报，老帅被炸死了。"

西安"八路军办事处"第一任住户温奇 · 海伯特是德国犹太人，1931 年被纳粹赶到中国后做牙医，他恨希特勒，报复的手段就是把自己的狗改名叫"希特勒"。骂希特勒"你是个狗日的"名正言顺。老海是德共，跟中共和张学良的关系相当不错。"西安事变"当天他上街打探消息，被枪打死了。

任远说的八卦：1931 年 11 月 19 日徐志摩蹭飞机撞死在开山（不

是白马山，收殓的陈姓银行职员人不熟悉当地）。这山一点都不高，295.6米。当时为避开主峰向西飞，咔嚓一声。同机三人，两个飞行员活活烧成了碳，徐致命在额头，撞了个大窟窿。尸体拖进附近的火车洞里。

主标题“陈炯明死了”，副标题“国民党死了一个敌人，中国死了一个好人”，这是1933年陈去世香港报纸的报导。陈死后无钱买棺成殓，无奈之下用了他母亲的寿棺。更惨的是出殡当日，从上海匆匆赶到的儿子陈定夏因传染病死掉了。父子同日下葬，悲凉还是温暖？

1934年齐白石已经成名，这年又生了个儿子。已经七十岁的他没理由不兴奋不嘚瑟，于是1935年衣锦还乡全屯子撒钱。越嘚瑟越欢，5月，腿摔折了。这年冯友兰因《中国哲学史》名扬海内外，访问法国瑞士德国苏联……满世界演讲满世界嘚瑟，回国，让国民党抓监狱去了。

1935年7月陈济棠他娘下葬花县，丧事办得很隆重，锣鼓喧天鞭炮齐鸣彩旗招展人山人海……让人诧异的是，下葬时埋了两大卡车的草鞋。这玩意干嘛用？风水先生说是保护阴间的陈老太太不受欺负，一双草鞋相当于一万兵马……丧礼后风水师找卖草鞋的要钱：“呔，大耳贼刘玄德，赶紧给我回扣！”

1939年上海出了一件凶杀案，凶手被捕后法院庭长郁华不断收到恐吓信件和电话……只有一封信写得文质彬彬：“你判他死刑，我就判你死刑。”郁华刚直不阿！态度相当的牛逼闪闪！“维持原判，死刑！”然后，郁华第二天出门，被枪杀了！这就是郁达夫他哥、黄苗子他老丈人、郁风他爹的故事。

1939 年 11 月吴佩孚吃羊肉馅饺子，没剁碎，肉馅里有骨头，扎坏了右边的牙龈，化脓引发高烧，日本医生来看病，一刀刺进了静脉，这是他家人的说法。另一种说法是这医生不是日本人，而是国民党的特务。还有种说法是他早就有败血病。不管怎么样反正是吃饺子吃死的。

1944 年 9 月日本准备攻桂林，131 师阚维雍师长守城。10 月初的一天他与副军长冯璜巡视防城工事，途中说：“老冯我带你去店里挑个纪念品吧。”到店说：“咱俩一人一个，你先挑，要哪一副？”老冯面前的纪念品是：两副棺材。

布努瑶家为死人选墓穴不找风水先生，让死人 DIY。方法是人断气时按男左女右，在死者手里塞个鸡蛋。出殡时请歌手拿着鸡蛋边唱边走到大致选定的位置后，随意扔鸡蛋，碎在哪就在哪挖坑。我的疑问是：正好扔在已经有棺材的地方怎么办？盖中盖？楼中楼？

秋瑾 1907 年 7 月葬绍兴府城卧龙山，10 月迁绍兴常禧门外严家潭，1908 年 2 月迁杭州西泠桥，12 月迁回严家潭，1909 年秋迁湖南湘潭与丈夫合葬，1912 年夏迁长沙岳麓山，1913 年迁回西泠桥原葬处，1964 年迁西湖鸡笼山，1965 年迁回西泠桥，1966 年再迁鸡笼山，

1981 年迁回西泠桥。整整十迁！

张之洞孙子海外归来排场很大，戎装佩剑顾盼自雄牛逼哄哄。进总督府时鸣炮，这一炮把坐骑惊住了，尥蹶子把张孙摔了下去，佩剑脱壳而出正好刺进腹中。挂啦！

婉容也是够惨，1945 年苏联进东北，她跟溥仪走散了。在通化临江大栗子沟，被东北民主联军抓住后送进了监狱。1946 年 6 月病重，20 号死在延吉监狱。死后连棺材都没有，被人用旧炕席卷成团埋在了荒山，至今不知具体位置。

1976 年冬潘汉年肝病转长沙治病。临走灰太狼似的对老婆说："我会回来的，你放心！"到长沙一检查，肝病、支气管炎、关节炎、贫血、消化道出血、肺部感染……红太郎变寡妇了。死后遗体解剖，腹腔、胃全是淤血，肝烂得像豆腐渣……可怜一代大特务死后连骨灰盒都没混上，瓦罐装完埋了。

宋美龄、冰心和美国国务卿希拉里是校友，同毕业于马萨诸塞州韦尔斯利学院，因是女校，院长必须是女的。曾有一位男性代理院长，也不知道是装逼啊还是装逼啊还是装逼，反正上任第一天巡视就被雷劈了，当场身亡。

五经扫地

五萬

【释义】 The monk is sweeping.

【出处】《新唐书 · 祝钦明传》："帝与群臣宴，钦明自言能《八风舞》，帝许之。钦明体肥丑，据地摇头睆目，左右顾眄，帝大笑。吏部侍郎卢藏用叹曰：'是举《五经》扫地矣。'"

隋朝的牛弘曾提出过“五厄”，说的是从古至今图书遭到的五次厄运。首当其冲是始皇焚书。第二次是公元 24 年王莽被干掉后，“典文残落”，“王莽之乱，焚烧无遗”；西汉藏书百年苦心经营，在王莽大乱中消灭殆尽。怕上火喝王老吉，想上火找王老莽。

始皇帝到底烧了什么书？算卦、医疗、种植业之类的书籍明令不烧，先秦诸子著作也不烧。《焚书令》说烧《诗》《书》百家语和民间私藏的六国史，即“诸侯史记”，原因是这些书说秦政府坏话，除此之外没烧什么。所以《论衡》说：“秦虽无道，不燔诸子，诸子尺书，文篇具在……”对了，《乐经》烧了。

北齐境内佛寺四万多，僧尼两百多万，但一家道观都没有，主要原因是北齐天保六年，文宣帝高洋把佛教和道教代表召集在一起开辩论会，谁输谁滚蛋。道教徒没吹过佛教徒，要滚蛋。高洋主意又变了，把道教徒强行剃头再塞进寺庙当和尚。有四个道教徒信仰坚定死活不改嫁，高洋全给宰了。于是满街和尚，北齐照明事业有了长足的进步。

隋末民变出现了五十多个造反领袖，个个个性十足。山东定陶的孟海公最讨厌知识分子，若聊天引用诸子百家名言，立即斩首。这是知识分子最难混的时期，吕秀才若去，第一天就光荣了。

安史之乱后唐政府修补书库，代宗曾以千钱购书一卷，多年征集有了五万卷。881 年黄巢攻陷长安开始放火。黄巢有点文化，“冲天香阵透长安，满城尽带黄金甲”就他写的，叫《咏菊》。有点文化祸害文化才厉害，王八蛋把图书馆全烧了，索引都不留。知识分子就生气，愤然写下：不留图书不留种，黄巢菊花万人捅。

宋朝翰林侍读学士主要工作是起草诏书，这类官文难写又难看，翰林学士梅询某天憋得面红耳赤还是没思路，就在台阶来回走，等灵感。忽然见一老兵躺着晒太阳，顿时感叹道："你他妈活得真舒服！"问老兵："认字吗？"老兵答："不认字。"梅询翻了个白眼说："那特么更舒服！"

古代为避讳经常改字，除了人名，地名也要改。赫赫有名的中国第一大都市辽宁开原就是改的。从前叫"开元"，洪武二十一年改成"开原"。这事有意思在于，不是朱元璋下令改的（朝廷直到洪武二十八年还是用开元），而是当地乡绅和官员商议后的决定——中华自我阉割的传统，源、远、流、长……

明朝诗人王叔承，穷。倒插门想混零花钱，可惜老丈人一分不给。诗人气质发作，愤怒地领着老婆回家，更他妈穷了。大学士李春芳给了他一份工作。丫领完工资就喝，喝多了就趴桌上睡。老李叫他干活，诗人气质发作，天子呼来不上船！情节会逆袭？逆个毛，李春芳把王叔承炒了。

据学者统计：从顺治五年到乾隆五十三年，一百四十年间文字狱八十二起。顺治两次、康熙两次、雍正四次，至乾隆达到高潮——七十四次，平均每年一点四次。那个时代文人，跟圆明园十二生肖一样，说不定脑袋去了哪。

清初，浙江湖州有个叫庄廷鑨的瞎子，有钱。受“左丘失明，扎进史坑，修成巨著，牛逼哄哄”鼓舞，也想整一部传世史作。就出资修明史。修成了，被告了。怎么处理庄先生，朝廷很为难，因为他已经死了。没办法，只好开棺戮尸把老庄捅成一坨蜂窝煤。家属被流放。庄家妻离子散各奔东西。庄家，成了散户。

康熙五十三年上谕：凡坊肆市卖一应小说淫词，在内交与八旗都统、都察院、顺天府，在外交与督抚，转行所属文武官弁，严查禁绝，将版与书一并尽行销毁。如仍行造作刻印者，系官革职，军民杖一百，流三千里；市卖者杖一百，徒三年；该管官不行查出者，初次罚俸六个月，二次罚俸一年，三次降一级调用。

御使谢济世被发配阿尔泰山后，专心批注《大学》。他用《礼记》，而没用官方指定的朱熹理论批注。雍正一直看他不顺眼，认为他毁谤圣贤，下令斩首！绑缚刑场执行时，山寨精神病患者雍正又改了主意，下令赦免！一场惊吓，谢济世被假精神病雍正吓成了真精神病。

最高法院院长尹嘉铨退休后在家写回忆录，书中说自己是“古稀老人”。乾隆知道后大骂：他妈的我自称古稀老人，并已布告天下，你他妈竟然敢盗版！因为乱叫“古稀”，尹嘉铨被绞死了。Gucci为什么翻译成“古驰”，原因就在这。

江西宜丰王锡侯编了本《字贯》挺牛逼，乾隆听说后生气了，因为他爷爷编过《康熙字典》，就认为王锡侯扮演他爷爷。翻《字贯》

发现里面不避讳，玄烨胤禛弘历这些字都没有缺笔。大不敬，处斩！缺笔的做法一般是字的最后笔画空缺不写，瞅着像脚被砍了。王锡侯不帮弘历砍脚，弘历就砍他脑袋。

乾隆二十一年河南水灾，生员段昌绪鼓动灾民拦驾上访。乾隆很恼火，认为段昌绪干预公务，挑战帝国秩序。不办了他以后街上全他妈上访户，严查。随即从段昌绪家里搜出吴三桂反清檄文抄本！本来就是死罪，段昌绪还在檄文上画了些表示赞许的圆圈，凌迟。古代书上画圈就是一个圈，若是微博的"@"，说不定牵扯出多少人，互联网估计也就取缔了。

修《四库全书》的一个目的是肃清反动文学，乾隆很高明，循序渐进威逼利诱。乾隆三十七年第一道圣旨说，政府书很多，但散落民间的好书也很多，你们拿过来咱们合集，好吗？第二年，藏书你们快点给我拿上来，不好吗？！第三年，必须快点拿上来，不然整死你们，草泥吗！

乾隆一朝全力以赴搜罗到一万两千一百七十六种古籍，先焚了八千。呈作《四库全书》的底本由四库馆审定，该毁就毁。二者相加，焚毁图书万余种。这是有数字的，民间为避祸自毁更是不计其数。当年碎纸机卖疯了，甚至拉动了面条机销量。

乾隆的文字狱不光对付中国知识分子，洋人也别跑！广州东印度公司一个叫洪仁辉的英国人，因不满地方官员勒索告御状，乾隆气得直哆嗦。干，让你们鬼佬来中国做买卖是我的恩赐，不感恩也就算了，臭不要脸还横挑鼻子竖挑眼？！于是，洪仁辉有期徒刑三年。罪名之一竟是：擅自学习汉字汉语。

《唐诗三百首》编撰者孙洙先生家里穷得要死，但他搞笑得要死，冬天读书时手里拎个大木棒，人问："棒槌，你拎着棒槌做神马？"答："木头能生火，我拿着棒子想到它能烧着，就不冷了。"又补充，"睡觉就拿苍劲老师的照片，媳妇都不用娶了。"

咸丰初年曲靖知府邓尔恒在厨房发现豆腐很奇怪，上面有奇怪的纹路，卖豆腐的说压制豆腐的石头上面刻字了。邓尔恒跟去豆腐作坊，名驰遐迩的"爨宝子碑"失而复得（乾隆四十三年第一次发现它）。本以为事情到此结束，谁知1927年兵乱，它竟被拉去做了防御工事，差点又丢了。

咸丰三年太平军林凤祥、罗大纲、李开芳攻镇江。2月22日进金山，一片火海，文宗阁和《四库全书》全烧了。太平军占镇江后渡江打扬州，一片火海，文汇阁和所藏的《四库全书》也被烧了。清朝七大藏书楼就这样被干掉两座。

《岳池县志》载："传王羲之尝寓岳池，灵泉山石壁间有遗笔，今无存。"以为是编修者胡扯。谁知咸丰三年三月，十余日连绵春雨，灵泉山土崩塌，现出《兰亭序》石刻，内有徽、钦二宗跋文及玉玺，但字迹模糊难辨，唯《兰亭序》内容未损。川北轰动了，赶紧保护起来！保护到"文革"，砸啦。

中国军队有黥面的习惯，唐末的刘仁恭是祖师爷，他家的兵脸上全有字。太平天国继承了这个传统，但刺字只局限于逃兵。抓回来刻上：逃兵。改过自新前面刻：不是。再逃，把“不”下面加个走之，“还”是逃兵。如此反复，五千年的文化都写在了脸上，满腹诗书的样子。

1900年8月13日，八国联军来了。老太太跟光绪跑了。据说慈禧特意换成蓝大褂，这颜色跟她封号“兰贵人”还挺搭配。目的地也配，陕西蓝田。俩人一走北京乱了。街上开始胡乱抢，齐如山回忆录说：“外国人抢的不过十分之三，本国人抢的总有十分之七。”

1900年董福祥正规军打使馆，慈禧问几时拿下？董说五天，结果两个月使馆依然挺立。英使馆与翰林院邻居，董采用火攻点着翰林院大树，洋人没烧死反倒把翰林院藏的《四库全书》和唯一的《永乐大典》副本点着了。最难看的场面出现了，洋人除了救火，还拼命从书堆里抢救中国典籍。

清朝倒了，遗老、协理大臣徐世昌跑青岛当伯夷叔齐。袁世凯激烈要求他出山做幕僚长。老徐扭捏了一会答应了。其弟，海关监督徐世光觉得大哥受了清朝恩惠，现在去做民国的官，不地道。就劝，话不多，就是哭。徐世昌也跟着哭。哥俩一直哭到早上。老徐说行了差不多了，火车要晚点了。于是哥俩就去车站了。

林琴南某次和严复吃饭，骨头掉桌下引来两条狗争抢，林对严感慨地说：“名就是这骨头，两条狗即是你我。”这话的背景是当年翻译界就属他俩最出风头，为争第一打得头破血流你死我活。

林琴南孙子说：1919年某天，东城绒线胡同的林家来了个人，自我介绍说是画家，需要钱。林琴南看完画作说全买了，另给了几十块大洋。好了，发达了，这画家叫齐璜，也叫齐白石。

1920年夏，宫里的太妃们按照惯例要画些扇面赏给王公大臣。没有好的扇骨，太监出主意说，宫里很多旧扇子，骨头不错，把扇面撕掉你们画呗！好主意！开始学晴雯咔咔撕。撕下的扇面都当废纸卖了。旧扇面都是谁画的？溥佳说：有唐寅、仇英、赵孟頫、倪元璐……

1924年沈从文刚到北京，穷得叮当响。没办法给郁达夫写了封求助信，郁达夫真过去看他了，带沈从文吃了顿饭，还给了他三块钱。临走看沈冻得一脸大鼻涕，解下自己的围脖给沈围上，围脖什么牌子不清楚，估计不是新浪。

邵飘萍同事王之英回忆："飘萍抨击敌人，挨骂还得出钱，因为骂了之后飘萍就上门，被骂的诉苦，飘萍听后付之一笑，说确有其事挨骂自然难免，你要想报纸不登，可以想办法停下来。"到底什么办法没说，但北洋财政部长李思浩说过这么句话："记得两次送他成笔的钱，数目相当大，每次总要好几千吧。"

王国维在自沉前找容庚，谈到1927年共产党杀叶德辉的事，王国维说："共军来，不畏枪杀，而畏剪辫也。"其时学生卫聚贤回山西向王国维辞别。王问："何处可以避难？""山西可以。""我去了生活费如何维持？""去兴贤大学教书，月薪一百。"

王国维遗体上盖了一张芦席,席角压了四块砖。王的家属和陈寅恪、吴宓、梅贻琦、梁漱溟、陈达、马衡、容庚等人从王衣袋找出了遗书“西院十八号王贞明先生收启”，打开就是下面这些字：五十之年,只欠一死。经此世变,义无再辱。其实遗书不只这些,还有——

“我死后当草草棺殓，即行槁葬于清华茔地。汝等不能南归，亦可暂于城内居住，汝兄亦不必奔丧，因道路不通，渠又不曾出门故也。书籍可托陈、吴二先生处理，家人自有料理，必不至不能南归。我虽无财产分文遗汝等，然苟谨慎勤俭，亦必不致饿死也。”加上前面那段话，才是王国维遗书全部内容。

民国版《一帘幽梦》：鲁迅和林语堂在上海北四川路同居，周先生的烟头把林先生的蚊帐烫坏了一块，林不悦，周觉得林小心眼，说：几块钱玩意烧了又怎样？大吵，分手。

“有些人以为我不但用了这些稿酬或版税造屋、买米，而且还靠它吸烟卷，吃糖果。殊不知那些款子是另外骗来的……倘真要直直落落，借文字谋生，则据我的经验，卖来卖去，来回至少一个月，多则一年余，待款子寄到时，作者不但已经饿死，倘在夏天，连筋肉也都烂尽了。”鲁迅的牢骚。

鲁迅在教育部时月薪三百，普通市民一月两三块就能活。老周真肥吗？ 1926 年 7 月 21《记发薪》写道：“我今年已经收了四回俸禄钱了：第一次三元；第二次六元；第三次八十五元五角……再算欠我的薪水是大约还有九千二百四十元。”我去！老周数完铜板道：多乎哉？多你娘的哉！

30 年代初上海出租车不论远近收费银洋一块，另加二角小费。郁达夫从来没坐过！鲁迅住虹口他住沪西，每次都是公交车。公交车也要省。头等座皮沙发坐得舒服，价格只比三等多两文。郁达夫当然坐三等。路途近坐黄包车。郁的理论是：一定找老头拉的，他们自知力气没有年轻人大，当然也不好意思多收钱！

郁达夫百字短文稿酬就十块。在上海常德路租房子时，房东说后弄有天井十二块，很方便。郁说要这玩意干嘛？来八块便宜的前弄！所谓家徒四壁——五尺木床一张，写字台一张，凳子两个，梳妆台一个。没了！王映霞说的，又补充：家具也不是买来的，全他娘木器店租的！

某次王映霞的祖父从杭州来上海，郁达夫去火车站接，这天大雨滂沱，丫就不叫出租车。为节省钱，黄包车也是叫老头拉的。回到家鞋袜衣裤尽湿。时值严冬，王爷说冷，聪明的郁达夫让他钻被窝里。王爷一晚上再加第二天一整天，就躺在床上等衣服晾干。

鲁迅葬礼八卦：1936 年 10 月出殡，沈钧儒发现盖在棺材上的绸幛还没准备。想用青天白日旗，大伙都没同意。于是派姚士彦定做……底的材质是大白绸，“民族魂”三字是黑丝绒，面积四十平方厘米。造价法币五块（老板没收钱）。而出殡的八个人乐队费用十二元，周肇基垫付的。

叶公超对梁实秋说："怒气写竹，喜气写兰。"他画竹子多还是兰花多？《病中琐忆》交代了："回想这一生，竟觉自己是悲剧的主角。一辈子脾气大，吃的也是这个亏，却改不过来，总忍不住在发脾气。"是滴，功夫熊猫阿宝先生最爱去他家串门子。

1940 年 5 月林语堂从美国到重庆，打算长住就买了一大耗死。谁想 9 月因公又要返回美国，于是把房子留给了文协总会。1943 年老舍带着老婆孩子逃到重庆，就住在这个房子里。房子主人是林语堂吧？可现在外墙上挂了个牌子，上书四个大字：老舍故居……

1940 年，刘天华的徒弟储师竹在重庆教二胡，普及乐器的手段：不用蛇皮用牛皮纸蒙音箱。咔嚓，全校一千二学生八百人被他发展成下线！随即在体育场举办下线演奏会，八百个破风箱驴鸣犬吠，听众疯狂逃窜。最后就剩下一个同行在底下边听边跑，是谁？除了瞎子阿炳还能是谁！丫想走，找不到路。

抗联生活是艰苦滴。陈雷和刘铁石回忆说没吃喝也罢了，关键是没烟。夏秋两季还可以抽树叶，冬天彻底闹心。话说 1941 年冬这群小子宿营犯烟瘾，想起前年在对面山头扔过一堆烟埂子。怎么办？去呗！于是花了六个小时走了五十多里山路，抽了一根烟埂子。

1942 年 2 月老舍的《面子问题》上演，主演项堃需要一件高级面料但不太新的袍子做道具。老舍探班时身上的正合适。但 2 月 15 日公演同时也是春节，舒先生需要这件外套撑场面团拜。于是，白天老舍穿，晚上借项堃演戏，借了五天。俗语云：兄弟如手足，老婆如衣服。舒先生……嗯，我又三俗了。

1948 年 4 月沈阳围城，当局觉得东北难保，于是将文物迁往北平，沈阳故宫的《四库全书》也在名单里，谁都不愿意干这个活，卫立煌说太沉，英达他爷爷说沉也要搬，于是算了一下：全书按八册装一盒算要装六千一百三十八盒，总重三十一吨，最重要是运费八十亿。算了，《四库》就这样《全输》了。

大约在 1948 年年底某天，阿炳发现常用三弦的蛇皮给老鼠咬破了，背琵琶和二胡上街，又被黄包车撞了一下，琵琶撞碎了。阿炳迷信，说乐器损坏是老天不让他吃这碗饭了。拉不了琴，拿筷子当指挥也不行，他家没筷子，家穷，天天喝粥用不着。于是封箱不干了。

1949 年 3 月沈从文两度自杀。先是手伸电线插头，儿子看见后拔电源将他蹬开。再是自己反锁房内割腕，怕不保险还喝了煤油，家人破窗而入救了下来，送精神病院住了一阵。自杀的主要诱因是郭沫若。郭在香港杂志上狂骂沈从文“一直是有意识地作为反动派而活动着”。我操，还有人为了当反动派而活着。开眼。

1950 年溥仪被押送回国时，已经疯了。火车进绥芬河后，他忽然起身，领着解放军到侄子旒嵣和侍卫座位前说：“他们思想不好，反对民主！”押送军人没理他，让他回去老实待着。第二天，侍卫忽然被吵醒，睁眼一看，溥仪跪在他面前咣咣磕头，边磕边说：“爱慕骚瑞。”全车厢人惊得眼珠子都冒了出来，滚了一地。

荣孟源说，1951 年梅兰芳带中国京剧团从朝鲜回国，经过沈阳时托人找了三天，终于探知张洗非住在和平区中山路秋林公司东院，于是探访，得知她现在工作是烧锅炉，想留点钱，张女士说不用了，张麻子从窗户扔进来的已经够花了。梅兰芳不禁欷歔又欷歔。这个张洗非，就是小凤仙。

日本占长春，想开一条马路，有座孝子坟在规划线上。日本人刨坟，谁刨谁昏。用炮轰，跑偏。用飞机炸弹炸，炸弹不爆……忽然坟里有人讲话："蒲团静坐已多年，修身养性守真元；母骨迁途时未至，吾坟移动在乎天。"日本人无奈只好放弃，接下来：1958 年 9 月"孝子坟"因阻碍交通，被拆除……

工宣队进驻北大，教授自报政治帽子，冯友兰说："我叫冯友兰！是……是反动学术权威。""不行重报！你这是避重就轻！你是反动学阀！"洪谦怕说他避重就轻："我叫洪谦，反动学阀！""不对，你还不够格，你是反动学术权威！"这工宣队的应该来微博当小秘书，专做"实名认证"这一块。

"文化大革命"时沈从文和张兆和住得远，她每天只能送一次饭，一次送三顿。所以饭菜经常馊，沈照吃不误，有人劝说馊了别吃容易拉肚子。沈说没事，我每次吃馊饭前，都先吃消炎片。我操，黄金搭档代言人啊！

"文化大革命"时期，沈从文有过一份打扫历史博物馆厕所的工作，还是女厕所。老沈对黄永玉说："这是造反派领导、革命小将对我的信任，虽然我政治上不可靠，但道德上可靠……”

1968 年 10 月最高指示：对北京大学的翦伯赞、冯友兰要给出路！毛的意思是要这个典型给整个知识分子“出路”，这是一个深思熟虑的战略部署，遗憾的是翦伯赞先生不配合，写下个纸条：“我实在交代不出什么问题……”自杀了。操！就不给你面子！

1968 年上海召开批斗贺绿汀大会。贺绿汀坚决地说：“我是不会屈服的。”造反派说：“顽抗到底死路一条！”贺绿汀一听慌了，说：“矮马，我还有七首管弦乐没写完，写完再死行不？”

1971 年张伯驹在农村实在活不下去了，逃回北京求章士钊帮他在中央文史馆找个活干，这事情一直没办下来。第二年陈毅死了，张伯驹写了个挽联送过去，被穿睡衣参加追悼会的毛看见了，问谁写的，写得好，要重用。于是有了工作。死人也能办事，这有点古龙小说的意思了。

范曾是沈从文的学生，“文革”写大字报：“沈从文头上长脓包，烂透了，写黄色小说开黄色舞会。”沈回忆说：“十分痛苦巨大震动。”“文革”后范曾画屈原像，沈说衣服上有点毛病，前秦服饰不是这样的。范曾的回应：你那套过时了，收起你那套，我是党中央批准的，你靠边站！

六出奇计

八萬

释义　What an idea！

出处　《史记·陈丞相世家》：高帝南过曲逆，上其城，望见其屋室甚大……于是乃诏御史，更以陈平为曲逆侯，尽食之，除前所食户牖。其后常以护军中尉从攻陈豨及黥布。凡六出奇计，辄益邑，凡六益封。奇计或颇秘，世莫能闻也。

看《史记》，尧老了想找接班人，众人推荐舜。尧说我得考察考察这个干部。怎么考察呢？“尧妻之二女，观其德于二女。”……真他妈下本啊！拿自己姑娘给舜用！妈的，整得我都想去考公务员了。

战国时有个愚昧的风俗，巫婆们把小姑娘推水里淹死，说是给河伯当媳妇，可保地方平安。话说这天县长西门豹说，给河伯当媳妇的姑娘不好看，大巫婆你先去告诉河伯一会儿送好看的，说完就把巫婆推下水了，过一会对二巫婆说，丫怎么还不上来？你下去看看！一个个都推水里淹死了，除了地方一害。

董仲舒求雨法：最好选壬癸两日，离城十里铸坛，坛前架十米的三脚架，堆柴泼油。召集两千青壮年每人一个火把，从城到坛分十段每段两百人。第一段两百从城出发喊叫，汇合第二段成四百……边走边喊最后两千人集中。拼命嚎叫烧三脚架，六时辰后必降雨！妈的，这哪是求雨，这是张北音乐节。

晋元帝无心北伐，只给祖逖一千人的粮食和三千匹布让他解放北方，没军费，自己想办法。王导去看祖逖，发现小祖有好多奢侈品，问从哪来的，“昨晚我们又去一次南塘。”抢劫犯祖逖得意洋洋说。

泰始七年西北叛乱，西晋朝臣一致推举贾充出征平叛。贾充不想去，和幕僚商议怎么办。智囊团最后出了个损招，让贾充的女儿嫁给武帝司马炎那个“何不食肉糜”的傻逼儿子，理由是皇上通常不会把亲家送去前线打仗。其三女贾南风就嫁了，这一嫁人物关系乱套了——贾充大女儿贾褒嫁的是司马炎的弟弟司马攸。

东晋葛洪立夏吃玄冰丸，再画个符就不热了。杨贵妃避暑是嘴里含块玉，玄宗看得很不舒服。以上都是扯淡根本没效果。《酉阳杂俎》载玄宗李隆基知道申王李㧑怕热，给了他一条冷蛇让他玩，他摸着蛇就不热了。这事有点色情，更色情的这是条白蛇。

《隋书 · 张季珣传》载，并州司马张祥刚上任，就遇到汉王杨谅造反围城。张祥勒兵拒守，杨谅开始放火烧城。张祥跑到西王母庙哭嚎求神降雨灭火，刚祈祷完庙上就阴云密布，暴雨随即翻滚而下。张祥喜极而泣，用感激又崇拜的目光端详西王母塑像，这一看不要紧，扑哧乐啦。因这西王母，越看越像萧敬腾。

宇文化及卖官鬻爵犯事，隋炀帝要干死他。监斩官下令：斩！宇文突然一阵狂笑！“停！”监斩官问道，“因何发笑？”丫迟疑片刻道：专家没说错，笑一笑可延长寿命三秒！这三秒很关键。再要砍时，他兄弟媳妇带着免死通知书来了——隋炀帝下令不杀了。行刑官说我活了四十二年，这是我见过最他妈无聊的……

孙思邈在《千金要方》里介绍了怎样还精补脑：快出来时弯腰收腹，紧咬钢牙怒目圆睁，这时候最重要的动作是握紧两个拳头挥舞胳膊，整套动作可参考“王八拳”图解。据说练好了，精气会顺着脊柱窜进脑袋里；练不好就鲸鱼喷水半道漏了。

大诗人王勃在虢州做参军，有个叫曹达的官奴到王勃家避难。王勃想举报，怕别人说自己不仗义。赶走吧，也不仗义。不赶走吧，又怕担了窝藏的罪名。思前想后得一万全之计——把曹达杀了。

中国人把头发当命根子不能割，但不妨碍整假发。朝鲜史料载:“夏四月遣使入唐，献果下马一匹，牛黄、人参、美髢……”从北边进口假发，杨贵妃最爱戴这玩意，她挑起全民潮流。进口头发不够用怎么办？用麻布做衬里，把棕毛缠绕在麻布上，做完造型再染色。这他妈是棉帽子！造型啥样？想想雷锋。

唐朝苏恭在《唐本草》中说补牙：将银和锡磨成极细的粉末再混合水银，就成为一种软膏，将其塞进牙洞里凝固即可。以此法修补后的牙齿十分霸道，能咬开核桃，田螺，金刚石，啤酒瓶盖，只是对五仁月饼无能为力。后有聪明医师直接用五仁月饼粉补牙，于是无敌了。唯一能打败这颗五仁假牙的，是另一颗五仁假牙。

唐肃宗的永和公主不务正业，不卖豆浆研发化妆品，现辑录一款发表在权威化妆品杂志《太平圣惠方》上的美白霜配方：鸡骨香九十克，白芷、川芎、瓜蒌仁各一百五十克，皂荚三百克，大豆、赤小豆各二百五十克。研磨筛尽，去筋去皮制成粉。洗脸时当洗面奶。早晚各用一次，包公变曹操。

永和公主的沐浴液配方:桃仁、杏仁、黑豆、白芷、白蔹、白及、白术、白茯苓、沉香、皂角及少许麝香研成末，混一起待用;米泔水煮沸，放入鹿角胶融化，加糯米熬成粥，晒干成块儿。洗澡时用块儿蘸粉末。坚持使用，皮肤光滑有弹力。特别是屁股，摸上去就像裹着丝绸的馒头。

大内胭脂：选花标准是要一色砂红，几百斤玫瑰花只能挑出十几斤合格花瓣，加明矾用汉白玉杵捣，捣出原浆细纱布过滤置入容器，把方蚕丝绵浸泡在容器里，十多天后取出，隔玻璃窗晒干即成。用的时候沾水往脸上蹭。以上活动女孩都爱参加，只有一个姓林的骂骂咧咧，因为废弃的花瓣，需要她扛锄头挖坑埋。

赵匡胤有个治偏头痛的方子，《墨庄漫录》说疗效“用之如神”。后来传给了神宗，神宗传给了王安石，王安石又传给了苏东坡。很简单：新萝卜汁加生龙脑少许调匀成汁，左脑疼从右鼻孔灌，右脑疼由左鼻孔灌，左右全疼两鼻孔一起灌……把萝卜换成辣椒，功效与 GOOGLE 相同，想知道啥他都告诉你。

《任谅传》：“梁山泊渔者习为盗，荡无名籍。谅伍其家，刻其舟，非是不得辄入。他县地错其间者，刻名为表。盗发则督吏名捕，莫敢不尽力，迹无所容。”梁山渔民流氓多，后来实名制，没了——大宋维稳办很给力啊！

“梁山好汉如何解决性生活？”“该出手时就出手！”

传说北宋汴梁有一神偷，将铜钱磨得飞快划人衣服，此人报号“三只手”。榜样的力量是无穷的，崇拜者将偶像名号拿过来，对外都称自己是“三只手”。于是乎，话说有个弟子青出于蓝，能同时用两个铜钱工作，他一个人顶两个三只手，人民亲切滴叫他“哪吒”。

中国遗嘱不受尊重。北宋杭州有老头立下遗嘱说，儿子年幼，姑爷帮着养，养大后家产姑爷分七成，儿子三成。后分家，姑爷拿遗嘱去办理。审判长张咏判的正相反：儿子七成，女婿三成。张大哥说，你老丈人真他妈人才，当年说给你三成的话，你肯定把他儿子宰啦！你说你会不会宰他？你肯定会！

沈括考证说，古代工匠有奇巧智慧啊！古代做镜子，镜面大就做成平的，镜面小则做成凸面镜。因为凸面镜照出的人脸显得小，所以镜面即使小，也能照出全脸……高晓松说：净他妈扯淡。

《岭外代答》说广西南丹的毒箭天下第一，中了就死。土人解毒方法是先喂点甘蔗，将中毒者绑起来灌药。若无解药会怎样？毒发的情形老诡异啦：奋身一跳到半空，逮到啥撞啥，不停地跳起来撞，直到死！我操，超级玛丽啊！

《岭外代答》介绍了广西的柚子，说这玩意臭烘烘的，皮贼厚瓤贼少，没啥人吃，然后介绍用途：拓石碑的时候把柚子皮卷起来代替毛刷，字迹清，不伤纸。然后说，除了干这个以外，屁用没有。

辛弃疾善筹划，筹建飞虎军时遇事都能快速办妥。修军营时因为天气原因，负责机构说房瓦做不出来，辛问："得用多少瓦？""二十万。"辛弃疾说不用着急，两天给你凑出二十万。这人确实有办法，先从官舍、祠庙取一部分，又从每户居民家征二块瓦，不到两天，齐了。迷彩军营就这样诞生了。瓦片颜色不太统一，一格一格瞅着像打了码，恰好，里面住的是骑兵，必须有码。于是，飞虎军城头升起了达盖尔的旗帜。

宋末蒙古军一路南征，男子要么被杀要么服劳役，但蒙古人推崇佛教，对出家的不为难，于是中华大地“模仿秀”疯狂流行，青壮年个个葛优造型。蒙古人分不清李逵李鬼，妈妈滴，由黥面得创意——全他妈在脑袋烫点！烫完还不能还俗！于是真和尚个个脑袋一堆点，没事摸摸，没几年无师自通都学会了盲文。

女真人早期不懂纪年，回答年龄会说，我看过草青过几次……诗意极了。

1227 年大旱，丘处机作醮祷告，预计三天后下雨，真下了。丘老师最牛逼是 1225 年，这年火星冲撞尾宿，在古代是灾祸预兆。人民群众很着急啊，于是丘处机作醮祷告：“流星流星，我跟您许个愿呗！你让我长得好看点呗！”……流星回去了。真事儿，“岁乙酉，荧惑犯尾，其占在燕，处机祷之，果退舍。”

成吉思汗有“四不”遗嘱，不画像，不立传，不起陵，不写名。到元朝建立，祭祖是必需程序。“至元十五年十二月，命承旨和礼霍孙绘太祖御容”，和礼霍孙哪他妈见过成吉思汗？又不能瞎画，于是找了个传说中跟成吉思汗长得一模一样的人来做模特。不是别人，正是忽必烈。

1260 年忽必烈宣布自己为蒙古大汗，派使者郝经去南宋议和。此前一年，蒙军北撤时，贾似道向皇上报告说，蒙军北撤是他打回去的。郝经一来，事情就得败露，欺君之罪要砍脑袋的，怎么办？贾似道艺高人胆大，在半路把郝经拦下，随即以寻讯滋事罪囚禁，这一囚，整整十六年。

郝经有趣，待着无聊改《三国志》玩。改着改着无聊了，就琢磨怎么跑出去。十四年后，食品采购员送来一堆大雁。郝经琢磨“鸿雁传书”，于是挑了一只健壮的，将求救信封入蜡丸绑在大雁身上，这封信，居然真的被北边的蒙古人收到了。

崇祯六年七月，孔有德攻旅顺，血洗旅顺，居民或逃或匿。街上没人了，孔有德不清楚这群人藏在哪里，为诱杀使出毒计：将银两洒在各个街道，隔天检查一次，若银两缺失，即刻搜查周边区域，直到路不拾遗的情况出现。

顺治六年，孔有德打广西，七年破桂林，明永历帝跑到了南宁，八年破南宁，永历帝跑到了云南。九年孔有德上疏请求告老还乡。就在此时永历帝旗下悍将李定国回攻广西。李定国使用极古怪兵种：象兵。北边来的清军哪见过这么大的猪，这猪又像匹诺曹一样鼻子奇长无比，全乱了，老孔被杀。

“本月二十一日亥时，八公主浑身颤抖，产下两胎，因原本十分虚弱，生产后立刻不省人事，在彼处守护大夫霍桂芳、戴君选等用药救治，未能生效。”这封奏折说的是康熙八姑娘温恪和硕公主生了两个孩子后马上就挂了。重点是后面的救命药。查了下资料，清朝难产用药一是人参汤，二是……童便。

古代没照片，准考证上写特征“肤白貌美短婚无孩”这类虚头巴脑的，只要打通关节代考确也可行。乾隆四十八年广西士子岑照学习狗屁不是，花三百两银子找人代考，结果出了事小岑被砍了脑袋。出事原因让人崩溃：小岑这逼实在舍得花钱，代考的小子也实在舍得用力——妈的考了全省第一！

清朝皇上有时会给地方总督一面蓝颜色王命旗牌，上面有金“令”字。功效和尚方宝剑差不多。遇到紧急情况掏出这块蓝布挂起来，磕个头后坐在蓝布前面办公；意思是身后站着皇上，我是有背景的人。可惜现代摄像有个技术叫“抠蓝”，目的就是干掉你的皇权背景。不用一身剐，皇上拉下马。

林则徐销烟前也不是那么猛，他最初想法是让鬼佬别带鸦片进中国。如何保证捏？就是让鬼佬写保证书：“我坚决拥护清政府领导，鸦片不带进中国一丝一毫。”手下梁廷楠说这七八玩意怎么会有用？咱们要一艘一艘地仔细查。林说我哪有时间？让鬼佬写保证书吧，我相信他们！

鸦片战争开打，张集馨守漳城使损招，有跳大神的对他说把牛皮切成丁，然后下咒语，英国人吃完准死。怎么塞进英国人嘴里？老张有招，丫把牛皮掺进最好的面粉中，让兵扮成小贩一毛钱一麻袋在军舰旁边卖。果然买了吃了。效果如何？张自己说，毒死了四百多英国混蛋。尼玛，皮鞋胶囊情何以堪。

张集馨日记看来的：清末四川巡察使刘喜海审案奇才。经他手，案子没有不破的。程序这样：犯罪嫌疑人押上公堂后，先四百板子把人打得稀烂，再审，想要啥口供就有啥口供。审后如何处置？拉到城隍庙抽签。抽到生签，杀人也无罪；死签，直接砍了。可关键是，卦筒里好像没有生签。

1858年签了《天津条约》，按照规定英法两国要进北京换约。已经签了，换约对中国没一点伤害，但咸丰觉得洋人进京换约是“城下之盟”太丢脸。僧格林沁想出这么个损招：在鬼佬来的路上埋伏乡勇，揍他们一下估计就跑了。这事张鸣教授说过，一直存疑。看了郭嵩焘的日记，他妈的，居然是真的。

光绪十六年北京大雨，整整下了十五天，“至六月中旬，无室不漏，无墙不倾”。皇宫也没好到哪里。圆明园宫门积水深至五六尺，“各衙门奏事均须徒涉进内，水深过膝”，只能划船。最后积水太深官员无法上朝。宣武门积水太深谁都打不开，想出的办法啼笑皆非——从附近象房牵了两只大象把门拉开。

光绪二十八年李仲揆去武昌考试，填表时在名字栏目上误写了年龄“十四”，还好姓李，于是在“十”字加了撇捺和“子”变成李四，觉得不雅，抬头见大厅有一匾额上写道：光被四表。于是在四字后加了个“光”，是为李四光。我在想干嘛不叫李四表？八星八箭八克拉多牛逼啊。

清朝监狱行刑，不贿赂狱卒很可能被打死。给狱卒三十两银子，打后骨伤一个多月才好；加倍给，只伤皮肤二十天好；给六倍钱，当晚走路健步如飞。有人问狱卒：“犯人贫富不等，既然从他们那里都有所得,何必一定要按贿赂多少区别对待？”答:“不分别对待，谁愿意多给钱？！”……全特么经济学院毕业的。

古代作弊技术登峰造极：“募善书者，蝇头书金箔纸上，每千篇厚不及寸；或置笔管，或砚底，更有半空水注，夹底草鞋之类……”微雕估计就是这群混蛋发明的。更厉害“或用药汁书于青衣布裤，壁泥之，拂拭则字立见……”整个地下党传情报，还是个化学系地下党，嗑药系地下党。

清朝对应考士子的衣服鞋袜、笔管砚台等必需品有严格规定，馒头必须切成小块，考篮也得带眼儿。进考场要脱衣赤足检查下体。就这样还是有人作弊，乾隆九年顺天乡试查出了十几个带小抄的，号枷示众！这震慑的效果如何？真没人抄了，因为剩下两千多名心怀鬼胎的学生连试都不考了，落荒而逃。

清朝军队长官捞钱手法：1. 军车出租去运货；2. 把兵派出去做买卖，饷银昧下,据说当兵的还挺高兴;3. 开赌场;4. 走私护私;5. 贩毒……以上都是偷着来，政府能允许的是军队可以出租驻地的公共设施。广州将军最狠，丫甚至把驻地厕所都租出去了。当兵的憋得直捂肚子，道万福似的，显得特别礼貌。

为夏天有冰用，清朝工部都水司设采冰差役一百二十名。每年河湖封冻前“涮河”捞去水草杂物，开上游闸放水冲刷，再关下游闸蓄水。采冰前由工部派官员祭祀河神。采过冰的水面封冻后再采。空档期间不闲着，玩！因冰窟窿一米见方，工人下去玩冬泳，高兴！

官员拿锤子砸他们脑袋玩“打地鼠”，更高兴！

光绪的陵园跟他年号一样光秃秃，梁鼎芬说要种树，没钱！梁开始集资，手法有趣：定制一百个酒瓶子把陵园里的雪灌进去，上写“崇陵雪水”，拎着它到权贵和遗臣家去卖，谁不买他骂谁。就靠这一百瓶子水把崇陵整得生机盎然。

“老婆和书不外借”是清末大学者叶德辉说的。他藏书大约三十万卷。为防火，据传在书里夹春宫画。理由是火神是女的，看到这类不堪入目的毛片会不好意思绕道走（中国的火神是祝融，男的。叶德辉估计把孟获的老婆祝融夫人和赤帝祝融搞混了）。老叶是个糊涂蛋，就算祝融夫人是真的火神，她不可以是拉拉吗？

太平天国早期人口不多，所过城市无论男女都得跟着走，进城后发现老娘们打仗不行打老公行，吃更行。这些累赘怎么办？秋天，市长亲切接见老娘们说：“城外有稻子你们去收割呗，收多少都算你的。”“我靠还有这好事？”都被骗出城了，市长站城墙举起小胳膊握住小拳头说：“混好混不好都别回来了！”

将黑大豆泡在醋中加热煮烂，滤掉渣子后用小火熬制成稠膏状，这是中国常用的染发剂。慈禧年老后就用这个。它的缺点是染黑头发后，头皮也跟着黑了，洗白头皮，头发跟着也就白了，慈禧很苦恼。1883 年法国梦内脱公司首创对苯二胺类氧化染发剂，慈禧听说后马上买回了几瓶。确实好用，但，常用致癌。

溥仪从静园去东北时，中国政府已经觉察出他有外逃迹象，一直盯着不让出门。溥仪也厉害，调来一辆跑车，自己藏尾箱让司机开跑了。据司机李国雄说，皇上的柔韧性了得，塞吧塞吧就进去了。一个星期后婉容用同样方式出逃。皇后柔韧性比皇上还好，尾箱一开，“唰”就滚进去了……我脑补他俩滚床单，画面总是蛇交尾。

溥仪在苏联时曾经献过宝，但留了心眼没全拿出来，回国临检前害怕啦，其中有一颗两厘米大的钻石不知如何处置，于是让手下砸。但这钻石跟关汉卿一样“蒸不烂煮不熟捶不扁炒不爆”，铁锤直冒火星子，水泥地砸稀烂，它没事。后来灵机一动，藏进了肥皂里。既然说到肥皂……下面你们自己发挥吧。

溥仪的小舅子润麒有个理论：人经过一天阳光暴晒后，身体就积存了能量，晚上就可以从指间输出给人治病。在苏联被关押时，女服务员托尼亚头疼，润麒就用这招治，半天没效果。恍然大悟，“一阳指”创始人是一灯，是皇上！溥仪正好在旁边。于是两人各出一根指头，一左一右摁托尼脑袋，情景很像一休在思考。

演员刘艺舟确实是同盟会会员，但从不过组织生活。1911 年从辽东半岛去威海卫演出的途中得知辛亥了，这群艺人觉得反正有档期，闲着没事咱们掺和下呗！于是改航道直奔登州府，一举攻占了登州和黄县，刘艺舟随即成了烟济登黄司令……介就叫“艺高人胆大”。

武昌起义的消息传到北京，贼有意思。报纸先登了，警察说你们嘎哈啊？这不是鼓吹革命嘛！明天别登了。第二天报纸开了天窗，下写一行小字：获得武昌起义的消息甚多，但是警察不让报。古今一般同啊，每想起这事都乐得不行，因为我总把警察换成“微博小秘书”。

因为不稳定，清军不装备炸弹，陌生产生恐惧，又因为革命党用炸弹确实炸死过不少官员，清政府公务猿一听到这俩字就阳痿。辛亥革命光复时期，革命党拎颗炸弹就能接收政权。最搞笑是江苏海门，一小子冒充革命党，拎着两个装满废纸的白布袋子，对同知说这是炸弹！海门，就这样被他接收了。

1913 年 10 月 6 号大总统选举，梁士诒有个“公民党”专门给袁世凯看场子，一堆人围住会场，别人不准进去，议员也不准出来。中午休息国民党给里面议员送饭，公民党就是不让进，妈的不选袁先生？饿死活该。到晚上还没结果，又送饭又被打。直到晚上 10 点袁终于当上总统。

新文化运动最初没啥人关注，刘半农跟钱玄同商量演双簧，一个做挺新一个守旧。钱最初觉得炒作手法不太高明，但半推半就上了台，化名王敬轩在《新青年》上骂新青年，刘半农随后用“半农”跟他对着掐。事情越闹越大……终于把守旧的林琴南惊动了，光膀子上阵了……这是双簧加钓鱼啊。

蒋碧薇幼时便订了婚事，许给了查家。小蒋长大后看上了徐悲鸿，拍屁股跟小徐跑日本去了。查家跟蒋家要人。蒋家做出的应对让人瞠目结舌，说小蒋死了。为了不被人看出破绽，居然在家设了灵堂。更敬业更认真的是出殡的时候，为防抬夫疑心，特么棺材里放了块石头。看到她石女了，我石化了。

同盟会在南方闹事总不成，开会研究说从东北试试，踌躇满志发现不行，东北没人跟他们混。那就发展吧，于是宋教仁去吉林找土匪头子李逢春，写信忽悠："仆等向在南方经营大业，号召徒党，已不下数十万众，欲扶义兴师久矣……欲与公等通好，南北交攻，共图大举……"数十万众？不吹牛逼会死啊？

辛亥后革命党有一支女子北伐队，后期解散了，只剩下几个大娘继续革命。革谁的命捏？没人敢惹她们啊！几个大娘就开始找茬打。同盟会改组国民党，机会来了。因为党纲上对男女平权只字未提，大娘们冲进会场，把宋教仁一顿挠。

革命党穷，为筹钱啥招都使。居正、邓玉麟、焦达峰听说三角山庙里有金佛像，凑钱买门票踩点探知位置后，半夜把墙挖开偷走了，一身臭汗抬回家，发现是他妈铜的，并且不好出手——是尊欢喜佛。无奈，三人上好机关看了会 3D 成人片，彼此翻了个白眼，散了。

1922 年第一次直奉大战，张作霖为了加速运兵打算用火车从东北拉到北京，但京奉铁路规定火车不能做军事运输。老张想了个办法，说我们组织的是"老兵旅游团"，让俺们去北京见见世面吧。逐渐往关内运兵，铁路局发现后极度生气，关闭了售票窗口。这时候，兵都进了天安门鸟。

传说张作霖签文件不用图章不签名，只用毛笔在纸上戳个红点了事。手下一名侍卫官得知这个习惯后，做了个拨款假文件，毛笔一戳就去领钱。事发，侍卫不承认，就说是大帅亲自点的。张作霖拿起自己签过的文件对着灯光让侍卫看，发现那一点上有个洞。狡猾的张作霖，在毛笔里藏了一根针，一戳一个洞。

溥仪和溥杰俩人真的想去英国上学，没学费就倒卖宫里的画。溥杰说宫里不让走，但俩人已经计划好 1923 年 2 月 25 日逃亡，结果走漏了风声，紫禁城戒严，出走失败。第二年 11 月 5 日终于如愿出宫了——冯吕布逼宫。

民国十六、十七年豫西、关中和甘肃大旱，百姓盼十八年能有收成，结果从春到冬滴雨未落。田地干涸，大路尘土没过脚面。粮食一斗卖到五个银元，而一亩地才卖两个银元。发生过一件事。一人手拿馒头突然被抢，追，抢馒头的跑不过，急中生智把馒头塞进粪桶后捞出来再吃。被抢的无可奈何："你牛逼！吃吧！"

民国浙江镇海县长写的禁烟宣传单，很可爱："诸位同胞，今天是六三禁烟节日……兄弟利用机会特来和大家谈谈纸烟害处。一有害身体，纸烟里面尼哥丁毒性比较砒霜还要厉害，多么的危险啊！二损失金钱，吸纸烟比方金鼠牌一封，市价须大洋五分，假使每人每日吸一封，年靡费大洋十八圆，目前农村经济崩溃的时候，赚钱是多么的一件难事……"

民国川滇之战，四川刘湘的第三师李琬兰部队有神秘的武器，每当军心动摇就抬出来，兵士信心大增，无论伤亡多大都不后退，这武器就是李琬兰的尸体。老李战死后不下葬,只要前线吃紧就抬出来。有奇效!

1927 年张学良和傅作义“涿州之战”旷古未有，时称“上中下三层战争”。奉军用飞机炸城，炸不开；改挖地道，还是不行；再用铁斗车装炸药，坦克车轰城墙，还是不行。最后搬出战国时代的云梯……还是不行。张学良实在没办法，其爹出山。用最古老最原始的围城法……数月后，傅作义饿得实在受不了，出来了。

1928 年胡风在上海，因住处不定所以托陶希圣转接信函，陶发现总有汉口的来信，看笔迹断定是女的，好奇是不是情书？实在忍不住拆开了，果然！信开头是：亲爱的哥。字写得有点开，陶先生一高兴，在“哥”前面加了个“麻”字，变成“亲爱的麻哥”（胡风是麻子）。封好交给了胡，胡拆信大怒，自此再无汉口来信。

1930 年 2 月冼星海去巴黎留学，路费不够怎么办？他分段走！先到新加坡打工，攒了点钱搭轮船，没饭钱怎么办？在船上当苦力烧锅炉。就这样一步一步跳到了巴黎。我觉得冼先生不搞音乐，玩跳棋也能成泰斗。

11 月 5 号鹿钟麟是带二十个兵和四十个警察进去的，内务府总管绍英一直抗争说你们这么办不对，我们不走。幸亏走了。1931 年美国人维克披露了冯玉祥的西山会议文件，冯当时策划将溥仪、曹锟全部干死。本来要带二百兵进宫，鹿钟麟怕被关注，减少到二十，“围观改变中国”好像有点道理。

1935年夏，蒋介石的媳妇蒋经国他妈毛女士到九华山烧香，斋僧日招待和尚尼姑，只要来了就给两个银元一双鞋。然后九华山下理发店就爆棚了。一堆占便宜的男女剃光脑袋上山骗吃喝。一天下来，发了两千四百银元、一千两百双鞋。然后，假发店又爆棚了。

1936年四川大旱时，宜宾专员冷寅东召集科研人员研究“观音土”，结果只有两种矿物质能吸收，吃一百斤土能得二百大卡热能。不灰心继续专研，石破天惊成果出现了！观音土能吃了！写信给刘湘：用二两观音土加一两大米两勺糖！煮粥！信后有个ps：饭后需服苏打水，不然拉不出屎。嗯，一脑子屎。

1938年1月国民党军委会在河南开封开会，白崇禧飞机刚入境就被一堆高射炮打得晕头转向，飞机急降让地面高炮部队看清标识。降落后才知道这是刘峙出的损主意，他嫌戒严麻烦又怕暴露会议计划，想出个办法是拉空袭警报驱散人群。可是脑子不好警报发出去后，忘了通知高炮部队。

1940年四川中江县大旱，县长被群众逼着求雨，他很不情愿滴举办了一堆仪式：锁南门防旱神、玩水龙、道士做法他磕头……还是不下雨，不耐烦了说谁他妈有招谁用，我不干了！秘书说这是风神使坏，咱们审它！县长特不情愿但没办法，于是跟傻逼似的把风神像锁住后把它收监。然后，下了一星期暴雨。

1941 年作家李季风被日本人抓住了，他说可以帮日本人去茶馆捉人，但要求吃好才去。日本人领他去饭店喝，全被他灌趴下了，然后潇洒跑了。更牛逼是跑路过程中往长春宪兵队打了个电话："我在四平火车站看到李季风，你们快来抓他。" 然后回了长春的家，把老婆孩子全接走了。

1942 年夏，潘汉年在上海的电台处被搜查，藏得好没查到机器。有人要撤，潘认为一撤反而暴露。传信件情报用汪伪信封，特务不敢拆。这是胆大，心细也有：留在上海的秘密材料要带回，老潘拍成照相底片，胶卷当时很扎眼必须伪装，他的手法是塞进干电池里。看到这我才明白电池为神马叫：干—电池。

戴笠有段时间把军统局拟人化，本部叫"赵振家"，地方特训班叫钱某某、孙启疆、李某某（开办顺序对应百家姓），他自己叫马健行。以为很保密吗？看 1944 年 3 月 20 号电报：兰州孙启疆兄，你班第四期学员已经训练期满，我定于当日乘班机赴兰主持毕业典礼并视察西北区工作。弟马健行。

抗战时陇海线被打得稀巴烂，只洛阳到宝鸡能通车。一趟跑下来最少四天。车开到潼关好玩。黄河那边是日本人，鬼子听见火车声开炮，但因为隧道和土塬相隔看不见所以瞎打。中国应对也好玩：车停在隧道口鸣笛，日本人听见就打。第一次炮火过后，司机趁着填弹间隙开车就跑。情形维持数年就是没出过事。

共产党员骆何民他堂弟眉飞色舞回忆说，我哥在监狱所以牛逼就因为受过党的教育啊！牛逼如下：骆在监狱里被狱警折磨，但回牢房后狱友都对他好，他组织狱友经济上施行共产，将钱和食物集中起来交由一个同志统一保管发放，狱友轮流负责室内卫生，他还负责外交与警卫、送饭师傅打交道……操，狱霸。

抗战时内政部次长雷震视察福建永安遇一趣事，见当地一保长问："上过几年学？""我不认字。""公文怎么处理？""靠鼻子闻，有煤油味的扔了，没味或者有墨味的请私塾先生念。""嗯？""煤油味是官文，保长人手一份没啥用烧火，墨味是专门写给我的，不认真照办不行啊！"……真他妈人才！

张伯苓实际是家里的老大，被称为"张五爷"是他妈实在生不出来到庙里求子，抱回一个泥娃娃。正巧邻居家有俩小子，这泥娃娃就叫老三。很管用，回来就生了张伯苓姐姐和他。姐叫四姑，他就叫老五。这泥娃娃是很有趣的，必须给他做衣服穿，而且每年换一个大的，几十年后还要给他按上假胡子。

七步成章

释义　The seventh step hits the song.

出处　明·罗贯中《三国演义》第七十九回："丕又曰：'七步成章，吾犹以为迟。汝能应声而作诗一首否？'"

“皑如山上雪，皎若云间月。闻君有两意，故来相决绝。今日斗酒会，明旦沟水头。”卓文君写的《白头吟》。是不是她写的无所谓，但这姐们文采不错应该没问题。这位女诗人的第二职业当然是啤酒促销员。鉴于一帮老爷们看她的啤酒制服流哈喇子的情形推断，牌子应该是“倾倒”。

“衣解金粉御，列图陈枕张。素女为我师，仪态盈万方。众夫所稀见，天老教轩皇。乐莫斯夜乐，没齿焉可忘。”这是关于春宫画最早记载的《同声歌》，整首诗描绘洞房最核心的环节，轰轰烈烈震得邻居睡不好觉。作者是张衡。我终于明白他为什么要发明地动仪了。

宋玉《大言赋》“拔长剑兮倚长天”应该是“倚天”这词最早的出处吧，传说曹操专用剑就是这把。《三国志》“太祖自以背卓命，疑其图己，手剑夜杀八人而去”，可能就是用它。不知道曹先生弹剑高歌的时候会不会像袁大头银元一样嗡嗡响。

晋朝周处，勇猛异常外嘴皮子也很厉害，原来是吴国大将，归顺晋后一次见王浑，老王说：“你们的国家亡了，不难过吗？”周说：“天下分崩，三国鼎立，魏国灭亡于前，吴国灭亡于后，你个魏国旧臣也配说这个？”周家全是诗人，周处绝命诗：去去世事已，策马观西戎。藜藿甘粱黍，期之克令终。

大唐开鸿业，巍巍皇猷昌。止戈戎衣定，修文继百王。统天崇雨施，理物体含章。深仁谐日月，抚运迈时康。幡旗既赫赫，钲鼓何锽锽。外夷违命者，翦覆被大殃。和风凝宇宙，遐迩竞呈祥……朝鲜女王写给唐朝的马屁诗，中心思想:偶吧，亲爱的偶吧，爱你思密达，恨你思密达，爱你恨你思密达。

玄奘写的《大唐西域记》对女儿国描述："拂懔国（即东罗马帝国）西南海岛有西女国，皆是女人，略无男子，多诸珍宝货，附拂逢国，故拂凛王岁遣丈夫配焉，其俗产男皆不举也。"靠，原来女儿国也产男人，就是养不活，"产男皆不举也"。

《霓裳羽衣舞》是唐的法曲。玄宗作曲，安史之乱后失传。南唐李煜和大周后将其大部分补齐，金陵城破曲谱烧毁了。后来姜夔发现商调霓裳曲的乐谱十八段，还原了一点。法曲有点类似国乐，跟歌舞剧《东方红》地位差不多，但它最最初应用于佛教法会，谁唱得最好？当然是唐僧，有请罗家英。

"水龙鼍龟鱼与鼋，鸦鸱雕鹰雉鹄鹍。燖炰煨爊孰飞奔，祝融告休酌卑尊，错陈齐玫辟华园，芙蓉披猖塞鲜繁。千钟万鼓咽耳喧。攒杂啾嚄沸篪埙，彤幢绛旃紫纛幡。炎官热属朱冠裈，髹其肉皮通髀臀。颓胸垤腹车掀辕，缇颜靺股豹两鞬。"韩愈写的诗，说的是一场大烧烤。

唐诗三大卡死：李白、杜甫、白居易，眼神都不好。李白坐小马扎上分不清光和霜。白居易"散乱空中千片雪，朦胧物上一重纱"。杜甫视力比前两位还操蛋，都瞎了，网友可以作证：杜甫很盲。

白居易他们家什么样的作家都出，他弟白行简的代表作叫《天地阴阳交欢大乐赋》，名就够黄了吧？内容比名更黄。《金瓶梅》还能出现几个字：口口他口口轻口口。白行简的书印刷得这样：口口口口口口口口口口口口口口口口口口口口口口口口口口口口口口口口口。对，就是方格本。

唐朝诗人刘长卿有疝气，远近闻名。女诗人李冶用陶渊明诗调侃他：山气日夕佳？（疝气好点没？）刘长卿也有才，同样用陶渊明诗回答，就是答得猥琐：众鸟欣有托（我拿袋子托着）。刘长卿什么话都敢说，再说下去，很可能脱下裤子，让李冶变成李治。

“半榻清风，一庭明月，书斋幽会情难说。美人兀自更多情，番做个翰林风月。回头一笑生春，却胜酥胸紧贴。尤云滞雨，听娇声轻聒。疏竹影萧萧，桂花香拂拂。”《后庭宴·醉仙》，这首艳词里既然出现了“翰林”，那么上阕的“明月”应该是暗喻屁股。中国翰林院的博士生们最爱走后门，特出名。

南唐冯延巳将民间俗曲整理后创造出《鹊踏枝》，北宋晏殊觉得词牌名太俗，想起南梁简文帝萧纲写过关于梁祝故事的《东飞伯劳歌》，其中一句“翻阶蛱蝶恋花情”，于是改名《蝶恋花》。《蝶恋花》代表作是欧阳修的“庭院深深深几许”，原句是“庭院深几许”，象牙山磕巴刘能瞎七八念，以讹传讹变这样。

词牌《如梦令》原叫《宴桃源》，后唐李存勗自度曲。因嫌其名不雅遂取尾句“如梦，如梦，残月落花烟重”的“如梦”改名《如梦令》。《宴桃源》不雅在哪里？兄弟以为又发现黄色故事了，查了下词牌故事：有人划船误入山洞，峰回路转后发现新天地，这里的居民安居乐业不知洞外世界……尼玛，浪费三十分钟。

《邵氏闻见录》说的八卦：王安石读王籍的《入若耶溪》，对“蝉噪林愈静，鸟鸣山更幽”大发感慨，丫说王籍没有生活常识，写诗不走心。鸟叫了怎么可能更幽静？于是，小王诗人摇头晃脑帮老王诗人把这句诗改成了：一鸟不鸣山更幽……我经常遇见王安石这样的客户，把老子设计稿改得跟他妈车祸现场似的。

苏东坡过金陵，王安石与其相约游蒋山，在方丈饮茶。王安石指案上砚台说：“可集古人诗联句赋此砚。”东坡先来一句：“巧匠斲山骨。”王安石沉思良久接不上，说：“大好天气就应该游山玩水啊！”拍屁股走了……王安石常年用这办法为难手下，下边人都装着写不出来。唯有苏东坡二愣子，一点面子不给。

1070 年苏东坡被王安石揍到杭州。途中路过金山寺住宿，当夜二更长江江面亮起一团火，光线极强把鸟都晃醒了，金山寺照得金山放光芒。于是写诗：“江中似有炬火明，飞焰照山栖鸟惊。”麻麻地，他也见了飞碟。破玩意在江苏待了好几年，江对面的沈括也看见过，“嘉祐中，扬州有一珠，甚大，天晦多见。”

上联：坐南朝北吃西瓜，皮向东甩；下联：自上而下读左传，书往右翻。据说这个对联是苏东坡写的。宋朝确实有西瓜，但名字叫寒瓜。所以横批应该是：扯七八蛋。

闲来无事，苏轼溜达到金山寺找佛印玩，大师不在。苏轼对迎宾小和尚大喝："秃驴何在？！"小和尚眉毛一扬朗声回道："东坡吃草！"

苏东坡的数字人生：一个著名的爹；两个著名的兄弟；三任老婆；四个弟子：黄庭坚、秦观、张耒、晁补之；历五位皇帝：仁、英、神、哲、徽宗；六个人生知己：欧阳修、司马光、米芾、陈季常、道潜、徐君猷。我补充下七——七把叉！老苏太他妈能吃了。

画竹大师文同某次用红颜色画了张竹子，很牛逼等着夸。苏轼说我操哪有红色竹子？你丫色盲啊？"那怎么画？""要用墨画！"文同恼羞成怒："操！你看过黑色竹子吗？"这个文同就是"胸有成竹"成语的创作人，也是苏东坡表哥，当然也是苏辙表哥。除了是苏辙表哥，还是他亲家。

"槜李旧禅扉，丛林自翠微。寺居天外静，僧向日边归。野水涵齐几，闲云宿钓矶。庭前祖来意，谁为相依依。"这诗作者叫张刍，官员。另一身份是沈括的老丈人。他姑娘才牛逼，结婚后往死里揍沈括。沈括小贱人不还手也就罢了，隔两天不揍他就皮痒痒，再不揍他就跳河自杀。

元丰末年，沈括在秀州见到了冰花，他是这样抒情的："每瓦一枝，正如画家所为折枝。有大花似牡丹、芍药者，细花如海棠、萱草辈者，皆有枝叶，无毫发不具。气象生动，虽巧笔不能为。"沈括说冰花："这是多么美的美景啊！"东北人说沈括："你是多么山的山炮啊！"

李清照《丑奴儿》："晚来一阵风兼雨，洗尽炎光。理罢笙簧，却对菱花淡淡妆。绛绡缕薄冰肌莹，雪腻酥香。笑语檀郎：今夜纱厨枕簟凉。"……前戏挺足啊。

"穿了毡衫便著鞭，一钩残月柳梢边。二三点露滴如雨，六七个星犹在天。犬吠竹篱人过语，鸡鸣茅店客惊眠。须臾捧出扶桑日，七十二峰都在前。"元朝皇上孛儿只斤·图帖睦尔写的诗，从这首诗可以看出这小子偏科比较严重。语文还行算术不咋地，从一到十写不全。跟我一样不太适合当会计。

丘处机一辈子写了一百四十五首诗词，出名的——一首都没有。

"浪里宝财水底藏，江湖英明空荡荡，平生为仁不为富，舍却红粉入蛮荒。"说是张三丰写给沈万三的诗，出处找不到，但不妨碍真实性，沈万三和这个老道关系确实亲密，他是张三丰的徒弟。

"大将南征胆气豪，腰横秋水雁翎刀。风吹鼍鼓山河动，电闪旌旗日月高。天上麒麟原有种，穴中蝼蚁岂能逃……"嘉靖皇帝的诗，后两句最是香艳：太平待诏归来日，朕与先生解战袍。

"百里山川积素妍，古稀白发会琼筵。还须尚齿勿尊爵，且向长眉拜瑞年。莫讶君臣同健壮，愿偕亿兆共昌延。万机惟我无休暇，七十衰龄未歇肩。"康熙写的，就是因为这首诗，老头聚餐有了专用名"千叟宴"。

古代没有录音机，声音怎样记录？自然是曲谱。乾隆十一年编成《九宫大成》，集历代词曲乐谱四千四百余首，套曲二百二十余套。一大堆的宋词元曲，现在都能唱出来了。河北大学刘崇德教授把“工尺谱”翻译成现代曲谱，已经出书了。但我看不懂，兄弟不懂音乐，在我眼里五线谱就是精子开会。

“籍甚平阳，羡奕叶，流传芳誉。君不见，山龙补衮，昔时兰署。饮罢石头城下水，移来燕子矶边树。倩一茎，黄楝作三槐，趋庭外。延夕月，承晨露。看手泽，深余慕。更凤毛才思，登高能赋。入梦凭将图绘写，留题合遣纱笼护。正绿阴，青子盼乌衣，来非暮。”纳兰给曹雪芹爷爷的词，好像是《满江红》。

“西域权奇种，飞腾健且良。相渐非伯乐，骑每笑知章。闻道边疆外，曾经战斗场。不甘刍豆饱，伏枥首频昂。”溥仪爷爷奕譞写的诗。“骑每笑知章”典出杜甫的诗“知章骑马似乘船，眼花落井水底眠”。奕譞的意思是说贺知章骑术不精，实际上老贺水平还是不错的，这次酒驾而已。

同治二年石达开从黔西过昭通，当地彝人请饮“咂酒”（云南特产的那种坛子吸管酒），赋诗如下：“万颗明珠一瓮收，君王到此也低头。五龙抱住擎天柱，吸得长江水倒流。”……这诗怎么看都像A片，主角还他妈是变形金刚。

“江山景自佳，况此清秋夕。健游挟飞仙，举酒属佳客。洞箫倚南歌，兰桨泛空碧。一苇纵所如，水光涵浩魄。东流去不返，霸业感畴昔。

横槊谁赋诗，英雄久陈迹。风月如常新，匏尊欣共适。溯洄念伊人，露气葭洲白。”《赤壁前游》，同治皇帝写的。

“枕上吟魂不受招，溪山佳处去迢迢，人间烦热暂能消。万叠翠云如幄密，一湾柔绿殢人娇，梦魂刚到小红桥。”刘永济《浣溪沙》，这首词的古怪在于说是他写的吧，也不是，说不是又是，因为是做梦得来的。

“民犹是也，国犹是也，民国何分南北；总而言之，统而言之，总统不是东西。”对联后面“民国何分南北，总统不是东西”十二字浅人妄续。原作者王闿运很恼火的，觉得意境被破坏了。王先生不可能这么骂袁世凯。两家有世谊，王骂袁最狠一次不过是看新華门，假装不认字把“新華”叫成“新莽”。

齐白石说自己的画啥也不是，最厉害是写诗。“我的诗第一，印第二，字第三，画第四。”他老师王闿运说没看出来。老齐就拎着诗集给他看，老王看完说：“这你写的啊？我还以为是薛蟠作品集。”

“罂无粟，囊无米，室如县磬饥欲死。饥欲死，且莫理，米囊可疗饥，罂粟载千里。非米非粟，苍生疾矣！”谭嗣同写的禁毒歌，写作地点是甘肃。原以为这地方不种鸦片，但书里说光绪三十二年曾做过调查，甘肃当年是中国第五大鸦片产区，人均拥有量第二。

民国西康省雅属地区的鸦片馆，好的一般门口是这个对联，上联：女子三羊火西土，下联：西女王见金戈戈……莫名其妙吧？其实是民国火星文，上联：好洋煙；下联：要現錢。

黄飞鸿扮演者关德兴牛逼，三百斤硬弓连开三次，舞剑时剑影密不透风白花花蚕茧似的。最牛逼是耍鞭，五米外九根蜡烛连发九鞭，一一应声熄灭。欧阳予倩特意给他写了个剧本《神鞭侠》。他粉丝最出名的是田汉，给偶像写了首诗：不做寻常粤剧家，一弓一剑走天涯。但求救得唐山在，我辈何妨做傻瓜。

郑逸梅是补白大王，张恨水也不错，老郑补白说八卦，老张写诗。《南京人报》经常出现他的大作，录一首："楼下何人唤老张？老张楼上正匆忙，时钟两点刚敲过，稿子还差二十行。"……神马七八玩意。

开明书店老板章锡琛请茅盾吃饭。半酣，章说："听说你会背《红楼梦》，来一段？"郑振铎拿书点回目，茅盾随点随背，背了半个多小时无一字差错……我十分觉得认为表示这事相当不牛逼，我一朋友就有这本事。当然背的书不一样，他能背下《白洁传》。

甲午海战期间吴昌硕当过兵，不上阵天天在屋子里憋诗，写得贼难看。"海军未复谁雪耻？愤失海权蹈海死，精卫衔石填沧海，呜呼我国多烈士。"这他妈破诗写的，快追上张恩超了。

一百年前武昌事变消息传到辽阳，东北革命党人马上举事，马上被赵尔巽给按住了，行刑时有个叫石补天的革命党说，我要写诗，以为是"留取丹心照汗青"这类的。全诗如下：柴米夫妻酒肉宾，人情厌故喜迎新。残花尚有三分艳，欲寻风流趁早春。好诗，好湿！

“一别三年久，音书迄未通。襟怀包宇宙，踪迹涉西东。几中魔王毒，行嗟大道穷。苦心天不负，一将竟成功！”安源煤矿老板李寿铨悼念黄兴的诗，全是虚了吧唧的感慨，只“几中魔王毒”有点内容。说的是1913年送宋教仁去车站，宋被刺，黄兴也挨了一枪，子弹从脑袋上边过去的。他还好，同送的廖仲恺也挨了一枪，更险，子弹胯下过。

“十万青年十万军，十万白骨十万魂。十万红颜春闺梦，十万父老依闾人。”抗战时的一首诗，作者不详。

上海同春坊妓女忆倩，其房中悬联：“黛柏苍松，深环玉砌；红兰翠菊，俯映砂亭。”署名：丁巳秋梁启超书赠。1917年梁启超没到过上海，字也不像是他写的。问忆倩为何如此？忆倩答曰：吹吹牛逼。

1921年4月胡适接到顾颉刚的信，说他在天津发现了《楝亭全集》，就是曹寅的文集，胡直奔而去，5月1号两点开始看，四个小时后考证出曹寅的生日：顺治十五年九月初七。

宫里吃的并不咋地，溥仪退位后更是每况愈下。侍卫的级别不低，伙食却不怎么样。主食：米饭、馒头、花卷、粥；副食是两菜一汤。皇上也吃不上什么好东西。1924年，溥仪曾写过一首诗：明日为我备西菜，牛肉扒来炖白菜。小肉卷。烤黄麦。葡萄美酒不要坏。

20年代白话诗兴起，诗人都喜欢大惊小怪嘛，所以拼了命用叹号！！！！！！！大头冲下跟他妈集体跳水似的。张耀翔在《心理》杂志上冷嘲热讽道："白话诗人爱用惊叹号，缩小看像许多细菌，放大看像几排弹丸。这是亡国之音呀！"……都是姓张的，他的比喻就他妈没我好。是吧？

看完陶行知的《教育是最有效力的事业》才知道老先生不是说"教育救国"而是"教育造国"。这篇小文章主要说的是，教育能造就文化，文化能造就人才，人才能造就国家。造一件多一件，造十件多十件。至于"救国"这段说得很隐晦，翻译过来差不多是：七八国家都烂了，救它干七八毛？

鲁迅在《小杂感》中写道："一见短袖子，立刻想到白臂膊，立刻想到全裸体，立刻想到生殖器，立刻想到性交，立刻想到杂交，立刻想到私生子。"……一句话形容周先生境界：心中无码！

1927年，前清翰林叶德辉骂农民运动是"痞子运动"，写对联：农运久长，稻粱菽，麦黍稷，一班杂种；会场广大，马牛羊，鸡犬豕，六畜成群。4月11日农协会把他抓住召开大会问："对联是不是你写的？""是我写的怎么样！"怎么样？农民把叶德辉杀了！

"车摇摇，风萧萧，多少青年海外飘……天生我才必有用，今天死了再胚胎。前者牺牲后者继，此后无穷烈士来。"《一九二九出国途中感怀》，作者何香凝，实在不敢恭维了。

伍廷芳死后，儿子找章太炎要挽联说，我爹活着时贼辛苦，为孙中山奔走一夜白头。章说这是遗传啊，伍子胥就是一夜白头。小伍转话题说伍廷芳交代死后火化，章说这也是你家传统，武大郎就是火化的。小伍很生气，更生气是章太炎随后写的挽联：一夜变须眉，难自东皋公定计；片时留骨殖，不用西门庆花钱。

“老舍先生到武汉，提只提箱赴国难。妻子儿女全不顾，蹈汤赴火为抗战！ 老舍先生不顾家，提个小箱撵中华。满腔热血有如此，全民团结笔生花！”1937 年冯玉祥写的诗。别以为冯大诗人作品没人欣赏，郁达夫是他的铁粉，还唱和过，真事。

《苏报》案发，邹容和章太炎下狱，邹如笼中困兽每日呼嚎，所有语句前缀都带 CAO。章跟傻子似的一动不动整日发呆。所以，章活下来了。为什么俩人反应不一样，因为章信佛……张继 1939 年说的。又山寨诗一首：月落乌啼霜满天，邹容炳麟对愁眠。邹容两岸骂不住，炳麟白眼望青天。

“太阳下山明早依旧爬上来，花儿谢了明年还是一样地开，美丽小鸟一去无影踪，我的青春小鸟一去不回来……别的那样呦……别的那样呦……”1939 年王洛宾翻译时，原词“别的那”是维吾尔语“小鸟”的意思，发现汉译成“小鸟”唱起来不好听，用了原语。这首歌叫《青春舞曲》，我看叫《太监之歌 》才恰当。

“金戈铁马入东陵，壮士长干斩妖清。弘历狗头悬碧树，慈禧犬尸喂苍鹰。驱除鞑虏复中华，尽除螨虫荡膻腥。至今神州犹传诵，考古当如孙殿英！”……好诗！

《清代学术概论》作者梁启超用五万字高度概括了清一代的学术主潮和基本特征，精炼、简约、明快。全书涉及哲学、经学、史学、考古学、地理学、金石学、文献学、佛学、美术、诗歌、历法、数学……这本书有趣在于：清的事都说，啥事都没说清。

梁启超考证“不到黄河心不死”应该出自古诗《公无渡河》，有个白发狂夫执意渡河，老婆怎么劝都不行，死犟死犟最后淹死了。河在古代一般专指黄河，我在梁先生考证的基础上再继续，考证出了黄河的老婆名叫“海流”，所谓“白日衣衫净，黄河入海流”也。

徐悲鸿当众画牛，一滴墨落在牛屁股后面，但见他不慌不忙画牛尾，那尾巴向上一挑，那滴墨点仿佛牛尾甩出去的泥点一般！于是乎满堂喝彩！我又心里阴暗了，怀疑故意这么做的，不定在家练多少次了。

七七事变后汽油供应紧张，汉中西北公路局职工将26式煤气炉汽车改成烧木炭的。能开，就是容易抛锚。老舍诗作：一去二三里，抛锚四五回，下车六七次，八九十人推。那个时候老舍岁数不算太大，不然这首诗可以叫《老汉推车》。

王壬秋跟张之洞溜达到陶然亭，张说“陶然亭”，王对“张之洞”；又见一农民挖沟，张说“开臭沟”，王对“张香涛”……俩人很得意。其实那，他们对的都不够工稳。兄弟我来个，上联：张之洞，下联：郭的肛。有才吧？

1942 年 4 月 5 号，刘敦和画了一幅《群虾图》，冯玉祥题画诗如下：许多虾在水中，个个带了枪，好似发了怒，要对倭寇三岛打冲锋。这算不错的，另一幅《白孔雀》题画诗：白孔雀，很好看，义卖得钱助抗战。老冯还有首诗:大茄子，紫光光，多吃点，打到鸭绿江。

1943 年 12 月 31 广西艺术馆集会，给剧作家洪深庆生，柳亚子赋诗一首："剧国文坛几霸才，洪郎五十气能恢。巴山此时开筵未，愿献漓江做酒杯。"注意诗的第一句，千万别读得太快。

"吴营新宴起，唤两队娇羞，粉营红垒。阿平轻掉苏家舌，旋把灵犀，参透兵符半纸。"学者卞永誉说这首词是描述军事作战。高罗佩解释后全崩溃了。"两队"是指双乳,"苏家舌"是说苏秦的舌头，暗喻男根。兵符是两厢对合的器物，啥意思都明白了吧？老高所以肯定是因为这词是题画的，他看过，卞永誉没看过。

一枚满怀希望，想感受妓女文化的文人嫖后感：门前一阵骡车过，灰扬,哪有"踏花归去马蹄香"？棉袄棉裙棉裤子,膀胀,哪有"佳人夜试薄罗裳"？生葱生蒜生韭菜,腌脏,哪有"夜深私语口脂香"？开口便唱"冤家的"，歪腔，哪有"春风一曲杜韦娘"？开筵空吃烧刀子，难当，哪有"兰陵美酒郁金香"？

老年齐白石每天坚持画画，某天大风雨没画。第二天连着画了一上午，在最后一张上题词：昨日大风雨，心绪不宁，不曾作画，今朝制此补充之，不教一日闲过也。故事对我的触动特别大，于是暑假的最后一天，六本作业一口气突突完了。

平凉方言《清明》：清明时节雨法法，路上行人可咋价，借问酒家那哒有，牧童遥指在哇哇。

“历劫刀圭，牵情襁褓，艰难一死。叹中兴不见，藐孤谁托？知多少，凄凉意。”这首《水龙吟》作者是沈祖棻，说的还是医院的事。上次是医院着火，这次是1947年在武昌剖腹产，手术完大夫把一块纱布忘肚里，几年后在上海重新把肚子划开拿出来。老沈说：“伤口别缝线了，安个拉链算了。”

“狂风雨过又天晴，眼前景物感凋零。草木难奈纵横雨，人生何堪冷暖情。”香港14k大佬潘志勇十七岁时写的诗。

1959年3月11日，胡适看文物出版社的《毛主席诗词十九首》后的读后感“真有点肉麻”，再看到《蝶恋花·答李淑一》评语是：“没有一句是通的。”胡是治学严谨滴，他特意将这首词给赵元任看，“我请赵元任看此词押的舞/虎/雨，如何与‘有’韵字相押，他也说，湖南韵也无如此通韵法。”

八辈祖宗

【释义】 Papa is kidding his papa.

【出处】 俗语。

楚国的先祖叫季连，季连有五个大哥，分别是:昆吾，参胡，彭祖，会人，曹姓。这群兄弟的共同点——都是剖腹产生的。他们的妈叫鬼方氏，这位大娘因为总剖，于是肚皮上有六道杠，正是八卦的“坤卦”。这人还真跟发明八卦的伏羲有关系,乃伏羲十世孙媳妇。

楚成王太子商臣听说自己要被废，但消息没弄准，问他老师潘崇怎么办。潘崇说你去骂你大姑，商臣照办了。他大姑说尼玛个小兔崽子太操蛋了，难怪我哥要废了你。消息确定后商臣跟潘崇拎刀去了皇城，逼爹自杀，自己当楚穆王。潘崇有功封为太师，随后成了潘姓始祖之一。当然，也是坑爹始祖之一。

孔子高徒曾参不孤独,当时南方也有个小子叫曾参。南曾参杀了人。有人通告曾参的娘说你儿子杀了人。那怎么可能?曾母继续织布。又来个人说你儿子真杀了人，那也许可能?曾母三心二意织布。第三个人说你儿子确实杀了人！但见曾母扔下织布机，翻墙就跑，一路滚滚红尘。

战国末，月氏国强盛。匈奴头曼单于把儿子冒顿送到月氏做人质，然后打月氏国。目的是激怒月氏，杀掉自己儿子冒顿，立小儿子做单于。这是历史上第一次“爹坑”事件。关键是冒顿太厉害，逃跑回国了，回去把坑他的爹坑了，自己当老大，然后打月氏国。把肉汁国打得跟屁股似的，分裂成大小肉汁两国。

《史记》算个屁，司马迁对中国的影响在于后代，司马先生的女儿嫁给了西汉丞相杨敞，为司马迁生下一堆外孙重外孙，最牛逼的是生于 541 年的杨坚，隋朝出来了。女的有牛逼的吗？有，武杨氏。她你不认识，但她 624 年生的姑娘你肯定认识——武则天。

霍光跟霍去病不是一个妈生的。他爹当年跟卫少儿胡搞整出了霍去病，还不养他。直到霍去病牛逼后才相认。所以小霍身份是私生子。

曹操祖父曹腾是宦官，从别处抱养了一个孩子。亳州有两大姓：曹、夏侯。有说曹腾抱养的孩子极有可能是夏侯家的。但另有一说是曹腾特有钱，出于家族财产继承考虑应该是从本家来抱养，并且亳州的风俗是家族过继孩子必从同门兄弟中抱养，不抱养外姓人的。

曹操怕西凉军阀马腾闹事，将其召入京师为官，只留马超在关西统帅旧部。马超闲着没事在家坑爹玩，这位大哥坑爹的手法是造曹操的反。效果很好，曹操斩钉截铁地把他爹马腾咔嚓了，一家二百多口也同时被杀，"阖门百口，一旦同命。"

南北朝赫赫有名的女将军冼夫人，善于用计。跟李迁仕说，我跟你好，带人过去投奔你好不？城门一开马上变脸，一刀砍掉老李脑袋。那脑袋在地上咕噜噜急速滚动叠影重重，看上去跟省略号似的……丫砍了李家人脑袋，李家怎么报复？嘿嘿，砍她六世孙小脑袋——唐朝大太监高力士就是她玄孙。

文宣帝高洋死后武成帝高湛强奸寡嫂不过瘾，当着嫂子面把亲侄子太原王高绍德乱棍敲死。他的行为艺术主题是杀侄子，孝昭帝高演的孩子高百年也是他打死的。文襄帝高澄的孩子高孝瑜也是他侄，这次没用棍子改灌酒，三十七大杯！高孝瑜喝完没事，回家路上高湛又派人过来灌酒，小高彻底高了，投水！这下喝饱了。

晋朝愍怀太子司马遹，他名义上的娘贾南风看不上他，密令宦官孙虑带药毒死司马遹。司马当然不吃，跑，被孙虑追上乱棍打死。地点就是在厕所。说到死得其“所”，司马遹先生当之无愧。

狄仁杰的儿子狄景晖，曾是魏州司功参军。在职期间狄先生勤奋地刮地三尺，使魏州的海拔足足降低一米。魏州人民不敢跟他对着干，发泄手法是捣毁狄仁杰的生祠。塑像碎得跟分尸现场一样……一代名相狄仁杰就这样被儿子坑得稀碎。

李隆基祭天，丞相张说把自己女婿郑镒叫过去凑热闹（能凑热闹就能升官），连升四级。玄宗饭局上不认识郑先生就问：“你谁啊？怎么来的？”一旁的伶人答：“此乃泰山之力。”这就是泰山由来。泰山又叫“东岳”，岳父就这么来了，泰山有“丈人峰”，老丈人也来了。以后去泰山对着它叉腰骂！泰山最他妈不是东西。

755 年安史之乱爆发，两年后，安禄山被自己儿子安庆绪带人杀死。两年后，安庆绪被部下史思明带人杀死。两年后，史思明被自己的儿子史朝义带人杀死……安史之乱简单说，就是每逢双年爹被坑，以双爹被儿子坑死结束……一千年后“双爹”穿越到天朝，又特么被儿子坑了。

唐昭宗被朱温揍得满街跑，无奈把孩子交给手下胡清说：“你带他快跑吧！”胡清拎着孩子就消失了。过了多少年后，孩子长大参加科举得了明经科进士打算祭祖，老胡说，你爹我不是你亲爹，你奶奶不是你奶奶，你丫本姓李啊！小李感恩继续姓胡，于是有了“绩溪明经胡”。生啊生，生出了胡适和胡雪岩。

宋朝陈亚藏书千卷、名画千幅，晚年又得了华亭府的两只鹤以及奇石和花卉，亚写诗告诫子孙：“我有一屋好东西，院子还是动物园。死后你们不外卖，就是我滴好孩纸。”这一段真情流露的屁话说完……“亚死，悉归他人。”

《论诗》：李杜诗篇万口传，至今已觉不新鲜。江山代有才人出，各领风骚数百年。写得挺牛逼，作者是乾隆的进士赵翼，这人也是语言学大师赵元任的六世祖，赵元任对这个祖宗不是很感冒，他最爱显摆的是三十一世祖——赵匡胤。

包拯忠君爱国，死后遗训：后世子孙当官，谁犯赃受贿，谁死后不得入祖坟。管不管用？管个屁用。五世孙包康倒是没贪赃受贿，直接跟方腊搭档造了宋朝的反。《水浒传》里放飞剑把武松胳膊削掉的包道乙，原型就是他。害得武先生丧失平衡能力，八百米田径总是跑偏抢道。

王安石变法不得人心，王安国劝他别干了，再干下去会被灭门。安石不听。安国把怒气转移到安石的小弟曾布身上，臭骂曾布。曾布嘻嘻笑问安国：请问您哪位？变法关您屁事？王安国彻底气蒙了：“王安石出事，朝廷肯定挖坟鞭他爹的尸，他爹也是我爹，怎么不关我事？”曾布淡定地“哦”了一声，转身走了。

道光版二十四孝之尽忠报国：南宋汤阴人岳飞想参军，但是他独生子，报国就不能养妈，养妈就不能报国。歪脑袋思考到最苦恼时，他妈说：忠孝不能两全，你丫去吧！岳飞还在犹豫，他妈为了让他快点报效祖国，就拿针扎他后背催他走，最后扎出四个大字：到此一游。

1221 年金兵攻南宋，蕲州通判秦钜死磕一个月，没救兵，城破。秦钜带残部跟金兵巷战，兵打没了，退回办公楼烧仓库。有老干部说咱们跑吧，秦钜说我生是南宋人，死是南宋死人。要跑你跑，我自焚去了！一头扎进火堆……这种忠贞报国的臣子很多，秦钜比较特殊，他太爷是卖国大汉奸秦桧……矮马，基因突变。

辽太宗有个儿子，是人类生育史的奇迹——比爹整整大十岁，就是赫赫有名的“儿皇帝”后晋高祖石敬瑭。石敬瑭死后皇位传给了干儿子石重贵。名义上，石重贵算辽太宗干孙子。但干孙子上位后六亲不认，顽强地拒绝给耶律德光当干孙子，造反。德光发火，干孙子。孙子兵法很差，一干即溃。后晋就这样灭亡了。

唐伯虎科考舞弊案主角徐经先生是江阴巨富，他学习不好，他家孩子继承家族光荣传统回回考试不及格，二儿子徐洽会试连考七次，次次落第。徐洽的儿子徐衍芳专门有别墅读书，成绩依旧狗屁不是。徐衍芳儿子徐有勉看祖辈这操行，干脆放弃高考。徐有勉儿子徐霞客更操蛋，书都不读天天出去当驴友。

“几何”意思是“多少”，作数学名词来用是明末徐光启。平行线、直角、锐角、钝角……都是他造出来的。除了这些他还造出个地名：徐家汇。是滴，因为他家就住这。然后还造出一个玄孙女倪徐氏，生了个姑娘叫倪桂珍。倪桂珍生了一堆孩子分别叫：宋蔼龄、宋庆龄、宋子文、宋美龄、宋子良、宋子安。

徐霞客所以出名全倚赖每晚写日记，死后汇编成《徐霞客游记》。这书乾隆年间才印刷，所以更要感谢的是整理书稿和保存书稿的编辑李介立，名字意思：介于两姓，立于两朝——待过两个朝代，姓过两个姓。他是小老婆养的，在娘胎时他妈被赶出家门改嫁给李家。之前姓徐，就是徐霞客的小儿子。

《明史》说“崇焕无子”，但民间传说1890年跟俄国死掐的满洲大将寿山是袁崇焕的八世孙。这么解释的：袁崇焕被杀，妻子流放河南，生遗腹子文弼，清入关后文弼因军功编入正白汉军旗，生袁尔汉，尔汉征雅克萨后定居瑷珲，然后生到寿山……袁承志，你叛变了！

万历朱翊钧派宦官陈奉去地方办案，临行叮嘱说想尽一切办法，给俺收上点钱。陈奉一圈下来没收上多少，不能辜负皇上的期望！活人钱要不来跟死人要，盗墓！当然盗有钱人的墓！谁最有钱？万历他太爷朱祐杬最有钱！那就挖呗！……拱白菜的猪不是特立独行的猪，拱祖坟的才是。

满洲兴起明朝着急，木匠朱由校也不是不管，但不知道怎么管。属下出主意说挖满人祖坟断他龙脉，可“明朝挖坑代表团”根本去不了东北。去也没用，满人死后都火化不起坟。那怎么办？属下说跟宋朝干仗的金国，是满人八竿子打不着的上祖。于是，北京大房山金国陵寝就这样被抠了。

郑成功家事很乱，大儿子郑经不正经，跟乳母搞，还生了孩子。老郑气懵了，派堂兄郑泰（名儿真日本）去杀自己儿子和私生孙子。郑泰不敢杀幼主，只杀了乳母回来复命。老郑不许，要继续杀。诸将联合抗命。老郑急火攻心咬自己手指头，疼死了。享年三十九。

工部尚书赵文华贪污军饷，嘉靖抄家发现丫花光了。文华已死，那就子孙还债。到 1583 年三代人过去了，才只赔了一半。有人建议万历别要了。万历谨记爷爷教诲，一定要赵家发扬愚公精神接着赔：文华虽死，有子存焉。子又生孙孙又生子子子孙孙接着赔。是否感动神仙帮赵家生孩子，《明史》没说。

《檐曝杂记》载广东为海外诸番所聚。某家买一黑番，配以粤婢生子。逗他：你是黑鬼生下的孩子肯定黑，现在孩子白不是你的吧？黑奴果疑，以刀斫儿胫死，而胫骨乃纯黑，于是哭。才知道骨头跟爹，皮肤跟妈……靠，生个斑马就没事了。

雍正六年，湖南生员曾静派学生张熙写信给川陕总督岳钟琪，劝他起兵反清。岳钟琪立即向朝廷告发，曾静被捕，其供词提到了吕留良，由此爆发了清朝最大文字狱，杀戮惨重。这个被后金皇帝称为“三朝武臣巨擘”的岳钟琪，祖籍河南汤阴，乃赫赫有名

抗金英雄岳飞二十一世孙。# 跟祖宗对着干一百年不动摇 #

道光初年，河北农民张永贵闯关东，在辽宁海城落脚后很快发家。生下儿子张发，张发又生儿子张有财。张有财娶王姓美女，生下两个儿子：张作泰，张作孚。1875 年 3 月 19 日这天，生下张作霖。张作霖爷爷叫张发，爹叫张有财。那么，张发财是他什么人？话音刚落就有反应，微博推荐：他可能感兴趣的人。

本来上帝是计划生育模范，就耶稣一儿子。到 19 世纪突然来了一堆。耶稣咔嚓就多了个叫洪秀全的弟弟。洪先生自称是上帝的二儿子。坑爹小子觉得和大哥远隔重洋感受不到家庭温暖。于是杨秀清成了上帝三儿子，萧朝贵四儿子，冯云山五儿子，接着韦昌辉、石达开……一共七个儿子。尼玛，葫芦兄弟。

直隶总督端方的儿子去日本留学，小纨绔除了花钱啥也不会。没两天钱嘚瑟完了，写信要钱。端方说我没钱，有招想去没招死去。小纨绔不是一般人，再写信："你不给钱，我把头上的辫子剪了！再再不给钱我把下面的辫子也剪了，让你当不了爷。"……端方软了。

六君子下狱，抱怨最多的是康有为弟弟康广仁，边哭边骂："天啊，大佬的事，要兄弟来承当。"林旭听后笑得满地打滚。

1903 年邹容考取公费留学名额，正式录取政审，官府说他"聪颖而不端谨"，取消留日资格。邹容跟他爹软磨硬缠要自费上，爹同意了舅舅说不行，这小子到日本肯定给家族惹麻烦。革命者六亲不认，邹容说，他要敢再拦着我去日本，就他妈砍死他。亲舅啊！

今天是农历正月十四，一百〇六年前的今天，末代皇帝溥仪出生了。这个悲催的小崽子一辈子都没在今天庆生过。因为一百六十三年前的今天是他太爷道光皇帝驾崩日。

溥仪和溥杰在宫里搞考古，他俩曾经找到过压在养心殿佛龛下的乾隆遗诏，内容是替自己的父亲雍正忏悔，说父亲残杀过自己的兄弟，乾隆是真心想忏悔这种罪孽。我对这种事情最感兴趣，想想能跟祖太爷的秘密面对面，真他娘兴奋啊！

汪精卫刺杀摄政王时制作的炸弹，试爆地点在齐如山的南苑农场，行事之前则将炸弹存放在齐家东院小西屋床下。清末的人事很搞。齐如山帮着汪精卫炸溥仪的爹，他没想到其实是炸自己的亲家，其外孙女成年后，嫁给了溥仪的外甥万迪基。

辛亥革命，宜昌人陈德元身手矫健作战凶狠。其母陈三娘担心自己儿子死在战场上，冒着生命危险爬到枪林弹雨的火线，把儿子拉回家。为防止他再去前线，大娘使出大招——让儿子抽大烟。陈德元终于成为一枚标准的鸦片鬼，再不想打仗的事。

冯国璋为后代设计了十个字的班辈"国家海禁开，东方大事起"，他自己用了国，儿子用"家"，曾孙应该是"禁"。所以冯巩全名应该是：冯禁巩。这名谐音倒是好玩：进宫。干啥?

张宗昌的母亲姓侯，身高脚大力气壮，人称“侯大脚”。张宗昌遗传了他妈的身材，身高一米九。张可能有恋母情结，他的姨太太都是身高马大型。此妈对张先生的影响不止于此，此妈从前唱过草台班子，说话习惯押韵。所以，张先生从小就会写诗。请欣赏：趵突泉，泉趵突，三股水，光咕嘟，咕嘟咕嘟光咕嘟！

杨森孩子多，某天在街上见一少女，背心短裤英姿飒爽。心情不错问：“你谁家孩子？”“杨司令家的。”“哪个杨司令？”“就是你啊！”又某次回成都，子女接驾，杨说你们先回，我办完事就回家，有个小孩赖着不走，杨上去一嘴巴：“你他妈敢不听话？！”旁边参谋长啪嚓敬了个礼：“司令，这孩子是我的！”

浙江进士周福清写了大半辈子日记，打算留给孙子看，看爷这荡气回肠的一生！老周死后孙子整理日记，摞起来快到房顶了。孙子挺犯愁，于是“翻了翻，好像没有多大意思，写了买姨太太呀，姨太太之间吵架呀，有什么意思呢？”然后，把爷爷的日记给烧了！一部长篇宅斗连续剧就这样没了。这败家孙子叫周树人。

古江浙一带的先民将长方形的石料开刃，做成石斧，叫“斤”（斤最初的含义就是指斧子），因为需要经常拉扯水生植物，将斤改良成两边翘角，叫“戉”，常年使用这种工具的江浙人就被称为“越人”……上海滩斧头帮有先祖遗风啊。

“外国的月亮比中国圆”这话出处是国务总理熊希龄在“中华教育改进社”第四次会议上讲的段子：说自己姑娘回国后与他赏月说“木

有米国的圆”，老熊生气给了女儿一嘴巴，女儿接着说：“就你这嘴巴子，也木有米国人打得响！”

张作霖一辈子生了十四个孩子，女孩：冠英、怀英、怀卿、怀敏、怀瞳、怀曦；男孩：学良、学铭、学曾、学思、学森、学俊、学英、学铨（没有学友）。十三个孩子都比学良学好。但就是不学好的学良继承了事业，没别的原因，就是因为他是嫡长子。

张作霖的五姨太叫寿懿，是黑龙江将军寿山姑娘，这寿山又是袁崇焕的七世孙（传闻），按这关系，袁崇焕是张学良的太姥爷。

1930 年张学良参观锦州关帝庙说：“熊廷弼、孙承宗、袁崇焕登此楼是此楼之荣，祖大寿、洪承畴、吴三桂登此楼是此楼之大辱，我张学良要学民族英雄以身殉国，不能愧对民族愧对祖先，不能玷污此楼……”少帅就是少帅，抽自己嘴巴子是真下狠手啊。

九一八事变后，东北军上将于芷山派人联系张学良，问怎么办？张指示：“日本侵越东北问题待中央来解决，你们暂时采取应付手段，即使你们暂时穿上日本军服，我也不责怪你们……”崽卖爷田都不心疼，我跟你扯啥啊。于是于芷山咔嚓就降日了。

1936 年 5 月 12 号胡汉民跟大舅子在越秀山下棋，老胡第一盘赢了很高兴，第二盘形势也很好，嘚瑟了，出了昏招形势骤变。胡要解围拼命想，苦思良久后一声长叹昏了过去。然后那，就脑淤血。再然后那，就死了。这个故事告诉我们：别跟娘家人斗，要你命啊！

1945 年 1 月闻一多在西南联大教职工宿舍歪着脑袋思考人生。正想得入港，小女儿扯起喉咙嚎啕，把闻先生思绪嚎乱了。闻先生迅速给了姑娘一巴掌！二儿子闻立雕乘机发难，没大没小摇头晃脑对闻先生说："你自己是搞民主运动的，天天讲民主，怎么在家里就不讲民主？竟对一个不懂事的小孩大打出手！"

闻立雕放学不做作业，慈父闻一多轻言细语地问是何原因？闻立雕撒谎说没布置作业。闻一多继续慈父耐着性子问："真没有吗？""真没有！""这个可以有！""这个真没有！"……说时迟那时快，闻先生脱下鞋照着闻立雕脑袋就抡过去了。

抗战结束蒋介石派蒋纬国去青海探望马步芳，马步芳的儿子马继援死活不露面。马步芳骂儿子："你是军长要有军长的样子，畏畏缩缩！你怕什么？！"马继援说："拉倒吧，我确实是军长，但因为你是我爹，我才是军长，总统儿子蒋纬国才是上尉，还比我岁数大，你好意思，我可不好意思。"

1949 年后批胡适，胡适在大陆的儿子胡思杜也写了一篇批判文章，叫《对我的父亲胡适的批判》，把他爹一顿骂。胡适回台湾时蒋介石拿出这篇文章给胡适看。蒋用意不清楚，但胡适以为是嘲讽他儿子不忠不孝是王八蛋，反唇相讥，你儿子也这逼样。确实，1927 年蒋经国在苏联也写文章把他爹一顿骂。

沈容在《热闹的月坛北街》说了几个大神。第一出场的是郭小川。老郭惨啊，老婆杜惠遵照组织要求将郭小川与她私下聊天的内容整理好，向组织汇报。老郭吓得跑到河南。失去工作对象的杜惠不甘寂寞，这个敬业的女人开始瞄准自己的女儿，把女儿的话记下来上报组织。女儿吓得不敢回家，跑河南找爹去了。

金庸是徐志摩的舅表弟，是钱学森的表小舅子，还是琼瑶的三舅妈的二堂弟。徐志摩是金庸的姑表哥，是钱学森的表小舅子的表哥，还是琼瑶的三舅妈的二堂弟的姑表哥。琼瑶则是金庸的堂姐的外甥女，是钱学森的表小舅子的堂姐的外甥女，还是徐志摩的舅表弟的堂姐的外甥女。

费巩姑妈费漱芳，嫁吴江柳家生下柳亚子——费巩是柳亚子的表弟；费巩的妈吴本静是吴大澄七女儿——费巩是吴大澄外孙；吴的六女儿，费巩姨妈吴本娴嫁袁克定，费巩算袁世凯外孙辈。牵强？别着急，费巩长大后娶姨妈生的表姐袁家第，这次他名正言顺成为袁世凯的外孙女婿。对了，他还有个侄子叫费孝通。

胡敬六是重庆大地主，仅有一个儿子胡静云。地主对独子十分宠爱，怕儿子出去嫖伤害了身体，又怕出去赌败了家产。胡敬六以为抽鸦片能拴住儿子，于是千方百计串通亲戚和族人引诱儿子抽鸦片。令老胡郁闷的是，他儿子怎么抽都不上瘾。老胡气蒙了，骂儿子不争气，蠢货。

九流宾客

释义　Nine beings have nine beings.

出处　《梁书·萧子显传》:“见九流宾客，不与交言。”

黄河水患最严重，其次是济、淮和长江。禹先在壶口龙门山开路，把砥柱山开了一条大沟，于孟津往北连开九条大江，黄河消停了；疏通济水，一部分走黄河，一部分走山东汶水，消停；淮水一部分走泗水，一部分走沂水，消停；最后从岷山开始疏通河道，长江也消停。他打通了水路关节，然后，自己得了关节炎。

中国悍匪的祖师爷叫盗跖，传说他是阳痿患者柳下惠的弟弟，心狠手辣。他为悍匪制定的职业准则如下:能够分析抢劫可行性叫“智”，没进屋知道里面有啥叫“圣”，第一个进屋抢的叫“勇”，断后的叫“义”，分赃公平的叫“仁”，五条合在一起就是“盗亦有道”。这个道跟现在理解的“道义”屌毛关系都没有。

各诸侯国的诸侯都称为公，周天子把女儿嫁给诸侯时，自己不主持婚礼,而叫同姓的诸侯主婚。“主”就是“主婚”之意,因为诸侯主婚，天子的女儿就被称为“公主”。诸侯女称呼不固定，“公主”“郡主”乱叫。朝鲜君主之女最初全叫“公主”，李氏朝鲜开始，只有皇后生的嫡女可称“公主”，妃子生的叫“翁主”。

《礼记 · 王制》说：“五十不从力政，六十不与服戎，七十不与宾客之事，八十齐丧之事弗及也。”就是说，五十岁老人不用干活，六十岁不用打仗，七十岁不用应酬，到八〇后啥事都不做。前面的我不清楚，八〇后不干活这事我有发言权，我表弟毕业没工作就在家待着，啥事都不做。

汉平帝的退休制度：二千石以上的官员退休后，终身享用原工资的三分之一。到唐，五品以上退休发一半工资;六品以下也发一半，但只发四年。忽然想到这么个事，中国的公务员一般七十岁致仕，可清朝录取公务员的考试，曾出现过五次一百多岁的老头子进京赶考，还他妈从广东过去的。这群老头想什么那?

司马迁不是天天在家写字的宅男，整个一胡同串子。“二十而南游江、淮，上会稽，探禹穴，闚九疑，浮于沅、湘；北涉汶、泗，讲业齐、鲁之都，观孔子之遗风，乡射邹、峄；戹困鄱、薛、彭城，过梁、楚以归……奉使西征巴、蜀以南，南略邛、笮、昆明。”可能是怕寂寞，带着弟弟逛，结果把弟弟嘚瑟丢了。

啥事都有，汉朝巨鹿太守谢夷吾正干得起劲，被冀州刺史上奏弹劾，说谢夷吾礼仪不当，丢公务员的脸。皇上看完奏折说确实丢脸，谢夷吾被降职下邳令。丢脸理由你想不到：谢夷吾清廉简朴，本来应该开奥迪去视察工作，但他开了奥拓。

汉顺帝黄门令栾巴，从不认为自己是宦官，从不跟同事来往，装高傲的白天鹅。白天鹅这天突然发现身上出现了杂毛——长黑胡子了，随即又发现植物人弟弟苏醒了，于是上表辞官，回家找媳妇生孩子去了。真整出个孩子，就是云中太守栾贺。

东汉“跋扈将军”梁冀喜欢兔子，曾专门为宠物修了个“兔苑”，专门养兔子，面积几十平方公里。全国精选兔子放里面，个个有专属条形码如有雷同纯属巧合。曾有西域商人误闯进去杀了一只兔子，结果为了这个兔子把命丢了，顺带牵连十几条人命。梁冀属相应该是蛇，但杀红眼的时候确实像兔子。

《列女传》说有个名叫梁姑的姑梁，家着火，她的两个孩子和她哥的一个孩子都困在里边，冲，救出一个定睛细看，是自己的。怕别人说她自私，岂能“户告人晓”？于是冲进火屋把自己烧死了。以死亡三人的代价，创造出“家喻户晓”这个成语。围观的刘先生说：我活了四十二年，这是我见过最毁三观的成语。

东汉陈留人范冉通五经，但是穷，要饭了都。桓帝让他当官腐败死活不干，逼急了穿越到了春秋。穿越当然要遇见和帮助名人。丫遇见了孔子，他一要饭的怎么帮万世师表？见面才知道孔子比他还穷，一星期没吃饭了，给孔老二一个馒头。这一个馒头引发了一场身份巨变——范冉成了后世要饭的祖师爷。

“余又学击剑，阅师多矣……桓灵之间，有虎贲王越善斯术，称于京师。河南史阿言昔与越游，具得其法……”这是曹丕关于自己剑术老师的描述，王越三十岁满中国乱逛打遍天下，收了个徒弟叫“史阿”，史阿再教曹丕。这个史阿剑术水平我推测不咋地，他每次跟人练完，对手评价两个字正是他名字：屎啊！

竹林七贤里向秀的名气最小，原因是他病得轻，不喝酒也不嗑药，业余爱好是跟嵇康打打铁，躲家里看看老庄。大将军司马昭听说后送了他本《孙子》。向秀明白了，这是说我“老装孙子”，于是赶紧出仕。司马昭问，你不隐居吗？干嘛出来给我打工？“操，打工不用出声，打铁邻居总投诉。”

祖冲之的儿子祖暅,是个有趣的人。此人时刻都在物我两忘思考中,上街也思考。思考中的祖暅上街就是愤怒的小鸟，胡他妈转，乱他妈撞，根本不看路。曾经在走路时遇到仆射徐勉，于是愤怒的小鸟一头撞到了徐勉身上。徐勉很不高兴:“滚你妈的你才是猪！”

前秦皇甫真“不营产业，饮酒至石余不乱，雅好属文”。皇甫先生的职务是奉车都尉，也就是皇家车辆调度办主任。办公室就设在停车场,喝多了瞎指挥。喝得舌头比滑板还大,说话不利索:倒,倒,倒……“咣！”

《晋书》说豫章人吴猛有孝行，其孝行古怪，怕蚊子去咬自己的双亲，专门光膀子让蚊子咬。与其一样喜欢喂蚊子的是北宋宰相沈伦，此人好佛，信因果不杀生。从不打蚊子，任其撕咬，童子驱蚊反遭他骂。吴猛双亲是否被咬不清楚。沈伦学佛的成果却很显著,脑袋被叮得一头包，与偶像释迦牟尼发型一模一样。

西晋的刘寔官高爵显，惠帝末年退休。怀帝即位后让刘寔再次出山任太尉。已经九十的刘寔上表推辞，皇帝不准。就这样近百岁的老头每天上班又工作了两年。这好像是中国历史上最老的公务员了。

鲁迅说第一个吃螃蟹的是勇士，晋朝温峤平南长史毕卓先生就是这样的酒鬼勇士。他曾经说过美好人生是坐在装满数百斛酒的河蟹号上，一边喝酒一边啃河蟹。喝完脸通红走路打横跟螃蟹一样。他跟螃蟹特有缘，曾去邻居家偷酒被捉，捆得跟大闸蟹一模一样。

晋朝光孟祖投奔朋友胡毋辅之，胡毋辅之正跟狐朋狗党在喝酒，这酒喝得比较香艳——关门闭户脱光衣服喝。光孟祖敲了半天就是不开门，太想参加脱衣酒会了，于是脱光衣服，把头从一个狗洞里伸进去喊："加我一个！"加个毛，关注满了。

写"未若柳絮因风起"的东晋女诗人谢道韫第二职业是杀手、微型娘子军长。隆安三年孙恩造反攻下了会稽城，杀她老公内史王凝之。谢小姐临危不惧，"方命婢肩舆抽刃出门，乱兵稍至，手杀数人"。其后又开展第三职业——没事就跟人唠十块钱的。主要客户是太守刘柳，俩人常年唠。

第一个帝师，第一个宅男：许由；第一个皇家保镖：许褚；第一个认字最多的人肉字典：许慎；第一个耍蛇人：许仙。这个"许仙"真有其人，东晋道士徐逊活到一百多岁后得道成仙，人民群众将其称为许仙。据说全家四十多口跟他一起上天的，中国宇航局载人火箭研究院应该去考察一下。

梁元帝萧绎是文学家、诗人、学者、皇帝、画家、书法家、音乐理论家、中医学家、围棋水大师、姓氏学家、玄学家，军事家，最重要的是畜生家，《相马经》就他写的。

萧绎是中国皇帝的异类，他没秘书，所有公文都是自己写，"虽戎略殷凑，机务繁多，军书羽檄，文章诏诰，点毫便就，殆不游手。"虽然有点累，但没秘书的好处是大大滴：老婆不疑，帖子不少。

僧人智永是王羲之七世孙，对其祖书法极为钦佩，在寺里盖个小楼刷刷练字，咔咔临摹，“书不成，不下此楼”。宅男费纸，丫不止费纸还费笔，用秃一支又一支，天长日久坏笔积了一大堆。智永把它们埋葬，称“退笔冢”。终于，写出了一手跟王羲之一模一样的书法。

南齐骈文家孔稚珪“好文咏，饮酒七八斗”，平生最爱做的事就是写检举信，满世界弹劾。总感觉自己是保龄球，不把对手撞翻誓不罢休。谁都不惧，逮谁干谁。他有一颗勇敢的心，流淌着勇敢的血。这个血性男儿的血充满了斗志！据说蚊子在他身上吸过血后，敢挑战老鹰。

杨贵妃曾祖父打群架贼厉害，AV 演员出身，对手冲上来就被按倒，“少凶疏，好与人群斗，拳所殴击，无不颠踣”；后来念书去了，“长更折节勤学，专精《左氏传》，通《三礼》”；再后来当了隋的吏部尚书。这人工作狂，曾一晚上断了两百个案子。名字好玩：杨汪，估计是杨大嫂和胡子哥的私生子。

唐朝宗室李适之能喝，“适之喜宾客，饮酒至斗余不乱。”关键是这位大哥晚上喝了一斗酒，白天起来就干活，一点都不耽误，“夜宴娱，昼决事。”更狠的是没有拖延症，拿起公文刷刷批，文件跟刀削面似的刷刷走。晚上喝大了耍酒疯打警察的胡适之叹道：同样是适之，做人的差距咋就这么大捏！

天宝三载，李白、杜甫和高适三人碰一块了。我以为激情四射锵锵三人行，结果是仨人凑一块吹牛逼，“酒酣登吹台”。

御史李季卿听说伯熊是茶叶专家，于是请到府上来讲茶道；又听说陆羽也能忽悠也请了过来。陆羽穿个破T恤来的，李季卿觉得不受尊重，等陆羽表演完，“命奴仆取钱三十文，酬煎茶博士”，这是茶博士的由来，算是骂人。陆羽气得脑袋都大了，变鲁豫了。

唐元和年间四川有个无赖叫赵高，背上有毗沙门天王像，警察见天王像不敢下手揍，怕得罪大神。地方官李夷简知道后，用新造的三寸粗大棒揍,说把天王图像打净为止。打到三十多棍体无完肤，天王像依稀可辨。过两天小子来衙门脱去衣服说：“我回去请人重新PS天王像，你丫要给设计师工钱！”

周世宗时期佛教徒行为越来越邪教，“多有舍身、烧臂、炼指、钉截手足、带铃挂灯”，舍身没什么，炼指很恐怖，没事烧手指头，“束香于指而燃之”。挂灯更加变态，首先要裸体，将一堆小铁钩扎进皮肤挂住，钩上挂圈灯盏，放油点着了烧。一身灯泡，跟特么圣诞树似的。

北宋时士大夫主要工作是在夜总会喝大酒。话说有个异类从不跟这些人玩，就一个人在办公室写字看书。这人就是写“无可奈何花落去”的晏殊。皇上听说后很高兴，叫进宫里表扬：“别人都不务正业天天扯犊子，就你拎着双节棍一身正气！难得难得！”小晏实心眼子，答：“主要是没钱，有钱你寻思我不扯啊？！”

北宋义士，快递员宋汝为，能喝，“饮酒至斗余，未尝见其醉。”这位大哥送信时被赫赫有名的金兀术给抓住了。不惧，反倒给金兀术上了一堂爱国主义教育课。金兀术听得五迷三道，稀里糊涂给他放了。

大概在北宋绍圣年间，河北徐水出了一个道士，算命准，手下有一堆信徒跟着。这天上街遇见通判李格非，刚要打招呼，李通判拿大棒子罩头一闷棍，打得道士落荒而逃，争渡争渡，撞死行人无数。翻遍宋史，李格非就干过两件事：一件是这个，另一件是干李清照她妈。

地理学家、物理学家、数学家、化学家、医学家、天文学家、水利专家、兵器专家、军事家、外交家……都是说沈括，这些家加起来足足有一万平米，杭州地价几万一平，老小子身价上亿了都——沈阔。

皇子的接生和护理没什么特别要求，技术好就成。最有名的接生婆是书法家米芾他妈（有说是奶妈），她接生的应该是宋神宗。米先生靠这关系当了一段公务猿，《宋史》列传说“以母侍宣仁后藩邸，恩补秘书省校书郎”。米芾眼珠是蓝的，大概遗传自他娘。宋神宗一天天神神叨叨，估计出生时被米娘蓝眼珠吓的。

“高俅者，本东坡先生小史，草札颇工。东坡自翰苑出帅中山，留以予曾文肃，文肃以史令已多辞之，东坡以属王晋卿。”高俅原是苏东坡秘书，字写得好。苏东坡外调不想带他走，于是送给政治对手曾布。曾怀疑他们玩无间道，说自己秘书够多死活不要。苏又把高踢给了王诜。难怪小高球踢得好，丫自己就是个球！

绍兴初年，符离人吴皋抢了泗东城王姓富豪二十万串铜钱。案发后州县发出了画像通缉令。吴皋开始搞笑，这位大哥进城后找到画工赵四，指着通缉令说：原以为你丫只是嘴抽筋，原来手也抽，特么画得根本不像我啊！重新画！

“市侩”最初是指买卖中介。“侩者，会合二家交易也。”另有马甲，“牙侩、牙商、牙子、牙人、牙郎……”这行业的祖师爷是女人，姓高，字露洁。

光棍一词大概出现在元朝，不是说单身汉，说的是聚众闹事的地痞无赖。《六部成语注解》：光棍，诈骗之匪也。明英宗时，“舍人、军余家人结成群党，打搅仓场库务，冲市人集之处，挟制唬吓诈骗财物，合谓之‘打光棍’。”这和现在流氓罪差不多，处罚是笞、杖、充军。难怪俗语说“打光棍”，该特么打！

朱元璋年轻时业务能力奇差，要饭要不到饭，快饿死时被两个同行救了。上位后寻访恩人欲加官晋爵。不料两个要饭的爱岗爱业死活不当官。朱不强求，赐二人一根一尺长木棒，棒上带穗，一色黄一色蓝，这就是传说的打狗棒。两人谁的级别高？当然是蓝的高，所谓：蓝瓶的丐，丐中丐！

明朝山阳人孔良，有孝行。其爹生病治不好，孔良就刮下自己的大腿肉做成羹给爹吃，吃完就好了。于是一众孝子争相模仿从腿上刮肉，除了巨蟹座的。

明朝大儒王阳明在他妈肚子里待了足足十四个月后才出来，出来不会说话，到五岁了还不会说，家人着急，找个跳大神的摸他。王先生被骚扰得受不了，爆出句："你自己手淫！"丫原来叫王云，家人为纪念他人生第一句话改名叫：守仁。真事，《明史》写的"五岁不能言，异人拊之，更名守仁，乃言"。

《清稗类钞》说一盗墓贼判断墓穴手段奇异，这个科学小少年知道共鸣原理，雷雨天命四个人分四方，一动不动站好；雷雨过后，东边那位说打雷时脚下颤动，地下又有声音轰鸣呼应……得了，找到了。草，这小子是做地动仪的张衡吧。

吴承恩幼时一目十行，过目成诵，精绘画擅书法，一句话就是牛逼。乡下亲戚认为他考大学"如拾一芥"，跟捡个草棍一样容易。然后那，四十岁才混到贡生，还是捐的。四大名著的作者没一个学习成绩好的，都他娘不务正业，只有施耐庵勉强混个进士，但人品不好，刚当县长就被撸了。

大学士曹振镛一生历仕乾嘉道三朝，官运亨通八面玲珑。门生问起为官之道，答曰：你就学那迪厅嗑药者，无他，但多磕头，少说话耳。

乾隆五十三年中举，乾隆六十年成进士，历任内阁中书、汉军中书、内阁典藉、内阁侍读、江南道监察御史、刑科给事中，这是铁岭小子高鹗发迹史。一直以为是汉人，原来是汉军镶黄旗。

龚自珍二十八岁中举后，五次会试次次名落孙山。就骂人，骂得贼难听，骂得贼出名。话说第六次会试，主考官王植见一份卷子，开篇就是我 X！通篇胡说八道。认出是龚自珍。如不录取龚自珍肯定会骂他。于是，老龚就这样混成了进士。龚进士戴上博士帽后第一句话：王植，你字号是什么？是不是“八蛋”？

太平天国东王排场大，仪仗队很长，据说前头都走到南京城东门了，尾巴还在西门，跟贪吃蛇似的；洗漱用品全是金的，大金脸盆洗手牛逼极了。这个广西农民很奇怪——床是玻璃的，里面能放水养金鱼。他在上面跟媳妇演电影，鱼在下面观摩。没两天，金鱼满缸了。

曾纪泽书读得很苦恼，他就不想考功名。曾国藩说儿子你想干啥？小曾说我想当科学家，还想学英语。老曾琢磨了一会说，你爱干嘛干嘛吧。小曾后来成了精通四国语的外交家。二儿子曾纪鸿听说后也不考试了，转行当数学家去了，成绩是：圆周率推出一百多位。

1904 年 2 月日俄战争爆发，“附俄则日以海军扰我东南，附日则俄分陆军扰我西北”。当时俄国独占东北，清政府表面中立暗地联日拒俄为日军提供情报。从北洋督练公所选拔出十六个青年军官与日本情报员组成混合谍报队刺探情报，这十六个人中办事最给力的就是吴佩孚，损招最多，日本人称：总有办法先生。

1905 年清朝停办科举，但盛京是发祥之地，特许再举办一次。杨宇霆就是这次中了秀才，成为中国最后一个文武双全的军阀。

溥仪登基典礼那天的主持人叫万宝成。所以选他原因如下：1. 他是光绪三十年进士；2. 这小子嗓门大；3. 名字意头好，万宝成意思是“万成大宝”，周易解释这词有革命江山万万年的意思；4. 他有海外关系，跟西方列强能递上话，他哥叫万宝路。

青岛大学“酒中八仙”乃杨振声、梁实秋、赵太侔、闻一多、陈季超、刘康甫、邓仲存和方令孺，喝起来“三十斤花雕一坛，一夕而罄”，平均每人四斤。八仙的口号：酒压胶济一带，拳打南北二京，这个“拳”，八仙说是猜拳。胡适观察后说很奇怪，他们只出三种拳：没有、两个、五个……对，就是“剪刀石头布”。

袁世凯任命章太炎当东三省筹边使，张上任后要三万块办公费，就是拿不到，章生气发电报：“只管推宕不要你的钱了！”他妈的老子辞职不干了。还不解气，找《新闻报》朋友写软文《袁世凯不是凯子是个大抠门》。

话说汉城政变袁世凯去税务局。门口小兵说：“尼玛，来干哈？”“尼玛，不知道来的是老大吗？”就掐……俺们都知道，这时候当官的肯定列宁一样装 X：“好门卫！六亲不认好门卫！”事情确实这样发展的。关键是老袁嘴碎问出身。侍卫答：“兄弟我唐绍仪耶鲁（一说哥伦比亚）大学毕业。”

北洋内阁总理王士珍为人亲民，没官架子，出门不带随从，结果上街被当兵的征了座驾。“你下来，车给我们用了！”于是当兵的坐车上嘎嘎聊天，他在车底下倔倔走。

马廉少时喜读明末忠臣义士小说，后专门收集整理研究明代小说，终成明代小说专家。其著《明代之通俗短篇小说》《论明之小说三言及其他》有特点，书中常有征引。问起出处，每每以“著者不详”打发。周作人每每看到“著者不详”就乐：“妈的，什么不详？！这些旁引曲证都是马廉自己编的！”

李成蹊，学名李文涛。二十二岁到上海改名李广平，别号瘦桐。又改名李哀，赴日本留学再改名李岸。尝试辟谷后再改名李婴。这人就是弘一李叔同，他好像有强迫症，流窜犯似的总改名。有统计一生用过二百五十个名号。想加V，微博小秘书不给他认证。

1917年6月30日晚，梅兰芳在江西会馆演出，本是压轴，突然被调整到前面。梅兰芳拗不过，只好照办。梅的节目表演到尾声时，第一排最重要的观众说：“过瘾了，我得去办事啦！”领着一队人马撤了。梅老板问：“大帅，你嘎哈去啊？”大帅张勋回头摆手：“你唱你的，我去故宫复辟！”

郑孝胥挺酷，段祺瑞让他当官，发了一封千字电文诚挚邀请。老郑微博控，只回一个字：滚。（嘿嘿，实际是“否”）这哥们脾气不好常年抡板砖，谁都不惧！跟溥仪生气，骂皇上说：“竖子不足与谋。”把康德气得花枝乱颤。

1918年奉天开了一所专为穷人家孩子免费上学的“奉天贫儿学校”，张学良、于凤至、郭松龄、张志良一众名流政要听说之后疯狂砸钱。给钱最凶的是吴俊生，一万一万地给（一万差不多现在的三百多万）。除了捐钱还捐校舍，整栋整栋捐。

溥心畬是德国生物博士，这个理科生念完书就废了学位改画画了。也是怪人，发现好吃的菜就端到自己面前，对同席说："你们别吃了，我一个人吃吧！"

宗白华说他上学时组织了"少年中国学会"。有个叫郭开贞的也想加入，但这小子人品不行，"嫖娼挟妓、搞同性恋、酗酒闹事、自暴自弃的不良行为，我也有所耳闻。少年中国学会是个纯洁的组织，故吾会友介绍新会员，当慎之又慎，审之又审……"于是没要这个郭开贞，郭开贞就是郭沫若。

杜月笙和范绍增上街，路遇一群痞子伸手就要钱，给少了就骂："莱阳梨！他妈多给点！"杜的手下马上加钱。范哈儿很不理解这么大的流氓居然被小痞子刁难？后来才知道，这群痞子跟杜一起出道的，混了几十年就是混不出来；别人欺负不了，只好欺负杜月笙了。

四川人对袍哥看法是：袍哥即是盗匪，盗匪即是袍哥。哈儿师长范绍增就是袍哥出身，他说不是酱紫滴。袍哥分清水袍哥和浑水袍哥两种，浑水袍哥为非作歹无恶不作；清水袍哥不干这个，清水靠赌博为生。"那么，赌输了怎么办？""做浑水呗！"

1920年冬马晓军部驻防广西百色，此地是云贵鸦片运往广东必经之路，其部下皆以护送鸦片发了财。尤其黄绍竑做得最好，官兵个个眉开眼笑。但有个叫白崇禧的连长两袖清风一本正，从不掺和这些犯罪活动，认真地在防地练兵，练啊练啊练到春天。黄绍竑回忆录说："驻禄丰的一个排因为白崇禧堵住了财路，兵变了。"

20年代，云贵每年经过广西运销的鸦片两千万两到三千万两。这是什么概念？1926年黄绍竑缴获了七十万两私土。他将这七十万两作价七十万毫洋，开办了"广西银行"。随后利用广西银行投资修建了三千公里的公路，开办梧州硫酸厂、柳州酒精厂，又兴建了广西大学和一批初高中。

20年代初期张静江在上海开"春柳剧场"雇了个会计。这位会计牛逼到爆，常年不来上班，来就打个转，问他收支就一努嘴："娘希匹的别烦我！"这位会计很高，让钱烧得不知道咋回事了，自己又雇了个会计。后来，后来当然干不下去了，跑广州黄埔军校当校长去了。对，就是蒋介石。

1923年吴佩孚五十大寿，冯玉祥送了个酒坛子，来宾尝过后发现装的是自来水。康有为圆场说："这是君子之交淡如水。"1939年农历九月初八，阎锡山五十岁生日，冯玉祥又他妈装行为艺术家，这次送个写寿字的铁蛋子。阎锡山实在想不明白，扔乡宁兵工厂化了。啥意思？过完大寿就滚蛋？

爱新觉罗·显玗，爱新觉罗·东珍，爱新觉罗·诚之，金壁辉，都是川岛芳子的ID，她最后以汉奸罪被枪毙了，这位女间谍到底干过什么却说不清楚。"皇姑屯事件""九一八事变""满洲独立"都往她头上算，可真实情况这些事她根本没起什么作用。有案可查的是她把婉容运到长春，这算是倒腾人口罪啊。

爱新觉罗·连纕说上九流：一流佛主二流仙，三流皇帝四流官，五买卖，六庄田，七偷八盗九要钱；下九流：一流秤，二流斗，三流屠户四套狗，五修脚六剃头，七娼八唱九吹手;秤、斗是做买卖的，套狗是环卫工人，修脚排在剃头前面是因为剃头匠站着。旧中国服务业的等级区分有趣，工作姿势决定地位。

妓女下岗再就业一般如此：拿出积蓄开个小店，这种店一般还是妓院，升级 2.0 当老鸨；因为会拉会唱，也有做琴师的，这是技术转职；自己不干但跟老鸨关系好，升职做领班；给新来的妓女做经纪人和保姆；最好的是被人赎买出去当妾，这种情况借用了陶瓷业用语叫“窑变”，“摇身一变”是不是搁这来的?

民国上海小偷赃物到手后要存放三天后才能出手，接头地点一般在八仙桥小菜场的黄全茂饭店，时间也有限定：晚八点到十点。扒手分粗窃和细窃两种，前一种是黎叔最鄙视的，因为没有技术含量；后一种纯技术派，手指灵活直追加藤鹰。这类扒界大师名字有趣，叫“小山爷”。

民国最没作为的女间谍就是袁世凯的家庭教师，大龄剩女周道如。袁把她派到冯国璋身边当老婆顺便做间谍。给了一堆费用，结果这三十六岁的老姑娘到冯家啥事不干，间谍不做，孩子也不生。有传闻她喜欢袁家二公子袁克文，烦老冯，就天天啥活不干在家翻白眼。

四年后真的翻了白眼。

民国北京著名人贩子廉三奶奶，经她手拐卖的妇女不计其数。廉老太太是个有职业道德的人贩子，售后服务好得令人发指。由她经手卖到东北妓院的一个女人跑了，开妓院的追到北京跟她要人。恰巧廉老太太货源短缺，老太太不想影响声誉，于是，派自己儿媳妇去东北妓院，接替跑掉女人的工作……业界良心啊！

重庆袍哥分五个堂：仁义礼智信，本无贵贱之分。随着发展拉开了距离，最高是仁，非富即贵全是名流。第二是义，商人警察。礼智两个堂口成员是小商小贩小市民，区分不鲜明。信最让人瞧不起，无业游民。江湖文化挺有意思，“四海之内皆兄弟”这话挂在嘴边，其实是屁！有人的地方，就有阶级。

犹太商人哈同激烈热爱中国文化，发达后在上流社会混，发现中国贵族很是认可前清。于是每年春节到“上海即补道”周湘云家借红珊瑚顶子（电视上清朝官员的红缨帽），戴脑袋上装牛逼！这招还真管用，上海达官贵人可他妈尊重了，说：哈同小红帽，我们敬爱你，一定要把大灰狼，杀死，杀死！

洛阳名匪黄全贵一次拉回张肉票，是个老头。既害怕又紧张，吃不下饭。黄全贵见状百般安慰，专门给老头请了一个厨师做饭，久之，老人乐不思蜀了。几个月后家人来赎，老头死活不走：“钱留下，你们回去吧，亲儿子都没老黄对我这么好，不走了！”老黄都哭了，跪下求：“冤有头债有主，养老你找镇政府！”

北伐时张继对孙传芳说：你不像军人像政客。老孙当场翻脸回骂：我最膈应政客，这群混蛋朝三暮四，是跟妓女一样下贱的东西，老子不是政客，老子是地地道道的军阀！

1927年姚文采到晓庄师范当生物老师，第一天上课就被陶行知拦住了，“你带书干嘛？”“上课不带书？”“你教的是生物课，要学以致用！咱们学校这蛇多，你想想办法灭蛇吧！”姚文采先找个民间灭蛇专家学，然后带学生上山捉毒蛇。这他妈课上得真够刺激，柳宗元都想旁听。我在想：生理卫生课怎么上？

钱伟长1931年在上海分别考取了清华、中央、浙大、唐山、厦门五所大学，最后听四叔钱穆的意见进了清华。进校后起高调说要科技救国！我要学物理！系主任吴有训问他：“进校时物理成绩多少？”“不好意思说……”“说嘛！”“五分！”

溥仪围棋水平不错，但1934年在长春看一个二十岁小子下棋后，再他妈也不玩了。让皇上无限沮丧与挫败的小伙叫吴清源。

评剧演员筱摩登名字是这么来的：她演戏的时候脑袋上戴一圈小灯泡，一上场就通电，那灯泡还能闪，把观众看傻逼了，于是叫了筱摩登。她最出名的现代剧叫《戒毒大观》，劝人自强自立不可吸毒。这剧贼火，大小官吏都带老婆来看，他们认为演得好必须奖励！奖品是：每天两个大烟泡！……太幽默了。

戴季陶烦13，成都吉祥街13号是他的官邸，这小子把门牌号拆了放兜里，钉上个“百二梅花馆”。成都有空袭，他在老家又盖房子，起名“戴二礼堂”。盖房涉及拆迁，他的同试、邻居唐秀才死活不搬迁。戴季陶想想，把盖一半的房子捐出去做学校了，这就是民国官僚。

1936 年 11 月下旬张学良和杨虎城在平凉开会，据说是筹备“西安事变”，我对这些破事不感兴趣。稍有趣的是担任会议守卫工作的人绰号“替死鬼”。这人真名叫王政，所以外号“替死鬼”是他跟张学良长得一模一样，经常代替张出席活动……让黄四郎飞一会。

1939 年田汉游祝融峰遇一和尚，说老田你挺牛逼，能给我写个条幅吗？田说行啊，写完在庙里吃饭。和尚说某某日孙科在这吃的，某某日戴季陶也在这吃……老田挺高兴跟这么多牛逼人一屋子吃过饭。吃完抬屁股走人，谁料和尚一把拉住：“麻痹吃饭不给钱啊你？”“还要钱？”“最少一百，我三亚来的。”

1937 年 7 月的《良友》封面女郎因身份特殊，只称“郑女士”，这人就是《色戒》中女间谍王佳芝的原型郑苹如。她家世显赫，爹是跟孙中山混的郑钺，妈是日本名门闺秀木村花子。她当间谍根本没受过训练，稀里糊涂就上阵了，然后捏就死了，临终遗言：别打我脸。

杜月笙的主要职务：上海地方协会会长、上海商会常务监事、浦东同乡会常务理事、世界书局董事长、华商电气公司董事长、中纺公司董事长、证券交易所理事长、大东书局主席董事……剩下还有一百多实在写不完了。杜最看重的职务——中国红十字总会副总会长，因为待遇好，有玛莎拉蒂和爱马仕。

1940 年马思聪在中大师范学院，宿舍不隔音，邻居没几天就搬走了好几家。打不起躲得起，马思聪从来不拉整段的，天天嘎吱嘎吱玩练习曲。老马在空旷的宿舍区继续拉，过一会，一哥们伸过头来："拉错了……"马先生一看，妈的是周瑜。

阎锡山也算有趣，1942 年训话："近据报告因我们的军队和地方官员纪律不严，骚害百姓，百姓骂我们是土匪，骂我是土匪头子。从今天起我刻'匪首'章子，什么时候军队不扰民干部不贪污百姓不骂我土匪头子，我什么时候停止使用。"真这么干了。行文署名：阎锡山；印文：匪首。

徐世勋说，1943 年全国慰劳总工会在重庆银行开献金大会，孔祥熙上台献出一个月薪水，台下起哄大财主才捐这么点？逼捐热烈进行中，孔发火了说：我是有钱，那是我祖辈赚的，妈的一个月工资捐出去我家这月开销就没了……越说越激动，辛亥革命前孙总理没经费，我捐了多少？今天不过是当个部长这点工资。

上海滩最大的毒贩子叫徐阿毛，江湖人称"咸菜阿毛"。他的出售机关设计得古怪之极。客人要买毒品，徐阿毛就进浴室。浴室有两根水管，一根是热水管，拧开喷水洗澡，另一根拧开喷白粉。警察拿他没办法。"洗完澡喷点爽身粉你不让啊？"

1946 年四川忠县县长跑官，带着一方古印去见张群，谁想老张两袖清风一本正，死活不要这个印，还把这县长撤职了。印的原主人是秦良玉。

1949 年后，宋庆龄和何香凝联名给关押在监狱的陈璧君写了封信，让她发个声明，认个错，差不多就放了。陈先生洋洋洒洒写了两万多字，从同到尾没一处认错，管教说你这个不行，你要认罪！“我早就告诉过你们，我的历史就是一部革命史，我哪有罪行？去你妈的不写了！”

溥仪笨得出奇，在抚顺战犯管理所糊火柴盒时，溥仪出品全是废品。肃亲王的儿子宪原是监理，就骂他。溥仪就委屈，皇恩荫庇，你家世代吃我家的，我在“满洲国”还带你玩……于是像个小女孩似的红了眼圈，要哭。宪原说：“给我憋回去！”于是糊火柴盒的小女孩带着一肚子委屈爬床上睡觉去了，咋叫都不醒。

刚看一段满洲少校回忆录，一开篇就是伪满大臣跟他拉关系。一个个声名显赫：军管区司令官于险舟、“国务总理”张景惠、满洲治安军事大臣邢士廉……“每次上班遇见我，总是停车招呼我一同到部……”这太诡异了，一个破少校这么牛逼？翻到前页看，妈的，破少校是溥杰。

《1968 年北京的地下江湖》一文描述：盘踞在北京江湖的势力有东华门的小姚子，东四的铁片儿，达志桥的菜刀队，北京站的砖头会。最后是与美国小流氓武器选择上相映成趣的棒子队，此棒有讲究——报纸裹擀面杖。“你有棒球棒，我有擀面杖”，真是不大涨民族志气！……棒子队主要活动于望京地区。

《启功杂忆》记载中华书局一位老先生动手术，医生不要红包只要启功的字,启功当即写好送过去。谁知手术前一天换成另外两医生。启功得知后连书四幅送去，老先生说不出话来，就是哭。

启功去潘家园看店铺都挂他的字，笑，没一件是他写的。人问他感觉如何？笑：“写得都比我好。”

陶行知确实知行合一，晓庄师范时期他就挑粪种田，养鸡养鸭当田里汉子。田汉曾对他说：“你丫是真‘田汉’，我是假的。”陶先生名言：和牛马羊鸡犬豕做朋友！四个字总结：狐朋狗友。

陈寅恪盲了之后工作状态这样：早上叫助手按照他指定的典籍查资料念给他听，下午和夜里思考。第二天早晨，助手来后他口述助手记录。就这么写完了一堆东西。老头倒是有趣,给自己起了个号：文盲叟。

叶圣陶年轻时某次参加酒局，主人强迫他喝，老叶膈应他就不喝。王伯祥在边上打圆场说：“老叶这人喝不了酒，一杯扶墙别勉强。”叶圣陶一梗脖子：“不是啊，我特能喝。今天偏不喝，咋地吧！”

甘地拒绝让患有支气管炎的妻子注射青霉素，认为皮下注射是暴力行为，结果老婆死了。更拒绝现代化，铁道医院工厂这类玩意有没有无所谓。吃素，不过食物要仔细筛选精工制作，穿手工麻衣。大弟子尼赫鲁抱怨：麻痹的比工业化产品还贵。让甘地生活在贫困中，老费钱了。

十里洋场

束

释义　Fashion is born in the market.

出处　茅盾《健美》："我们这十里洋场实在还不过是畸形的殖民地化的资本主义社会。"

“齐桓公好服紫，一国尽服紫。当是时也，五素不得一紫。桓公患之，谓管仲曰：‘寡人好服紫，紫贵甚，一国百姓好服紫不已，寡人奈何？’管仲曰：‘君欲止之，何不试勿衣紫也？谓左右曰，吾甚恶紫之臭。’……三日，境内莫衣紫也。”——我靠，时尚领军人物啊。

古代酒桌游戏“令簿”：十八张纸分三部分写，人物——将军、僧人、小姐、醉汉、妓女、乞丐；地点——疆场、佛殿、闺阁、街市、青楼、破庙；行为——作战、参禅、刺绣、舞拳、献媚、酣眠。将这三部分分开放好后，各自抽出一张。如果事件、行为、人物符合常理不罚酒。如抽到：将军青楼献媚这类组合，罚。

春画所以称“春宫”大概是因为最初从宫里流行的缘故。沈德符《敝帚斋余谈》：“春画之起，当始于汉广川王，画男女交接状于屋，召诸父姐妹饮，令仰视画……”这里要说的是，最初的春宫图不是为宣淫而是很严肃的生理教材。我算了下一房间的图片大概也就是两兆大小，可怜的汉朝人。

古代人上身穿的叫“衣”，下身穿“裳”。所谓裳就是大裙子，一走两腿呼呼进风。有钱人为保暖，两条小腿各套上长筒袜，这种袜子叫“绔”。更有钱人用细滑的丝织品做袜子叫“纨”。西汉宫女穿“开裆裤”说的就是这种袜子（那时没内裤），这也是“纨绔子弟”一词由来。

汉朝也有“齐咩小短裙”，还是透视装，那就是赫赫有名的“素纱单衣”。马王堆出土的一件衣，长一米三，袖长一米九，摊开二点五平方米。这么大一件衣服重量只有四十八克。可想而知它有多薄多透明,穿上去有多风情多性感。我们都知道汉朝是没有胸罩的,不但没胸罩,连内裤都没有。

汉成帝跟赵飞燕说,给爷跳个舞,飞燕翩翩起舞,脖子扭扭屁股扭扭,大风突起,把丫吹飞了。侍从拉她,只拽住了裙子。飞燕得救,但裙子被弄出了褶皱。起了皱的裙子居然比先前好看。由是,宫女竞相效仿,诞生了“留仙裙”。从此,街上耍流氓的坏蛋被质问时理直气壮答:我帮你做裙子那,不知好歹!

刚看的,汉朝内衣叫“抱腹”“心衣”,魏晋叫“两当”,唐叫“诃子”,宋叫“抹胸”,元叫“合欢襟”,明朝是“大腰子”,清朝一般都叫“肚兜”。胸罩进入中国大约在20年代初。开始无人问津,但阮玲玉喜欢,于是试穿,于是风靡。

礼仪规定男人二十岁成人礼后,士戴冠,庶人束巾。秦以前束巾多是贱人,汉末开始崇尚束巾,以戴巾为雅尚,不戴不礼貌。《后汉书》说孔融不戴帽子满街乱窜影响很不好,“不遵朝仪,秃巾微行”,这种不戴帽子的行为当时叫“唐突”。这是“唐突”一词由来,跟玄奘见女儿国国王洗澡没有任何关系。

北齐后主高纬在宫里建立个叫花院,穿上乞丐装跟人要饭玩,觉得很欢乐。到光绪年间,他的粉丝增多了,据清人笔记记载,王公贝勒“皆好作乞丐装……初仅见诸满洲巨室,继而汉大臣之子孙亦争效之”。既然有了这股流行趋势,选秀势在必行了。第一届叫花子大赛胜利召开，广东选手苏察哈尔灿（苏乞儿）得了状元。

隋朝女人发式流行平顶式，头发一层层往上堆，跟帽子似的。到唐越堆越高成云朵型。贞观之治有钱了，发型更高；至开元年间唐朝娘们个个“云朵型”，俩娘们一碰头乌云密布雷鸣电闪。据说是首饰太多,不是这发型插不过来。头发少整不出怎么办？戴假发。

唐朝是很2的，宫廷戏班子没群众演员，需要时用贪官，扒掉官服穿上绿袄就上。有个叫周延的因为贪污，被扒了官服上台演戏，对手就唱：你本来是个官呀是个官，为什么来到我们这当了演员？周延更2，指着皇上唱：实不相瞒呀实不相瞒，就是这王八犊子逼着我当演员呀当了演员！

唐朝流行的“间裙”用两种或两种以上颜色的布料间隔排列缝制成裙。每一间隔叫一“破”，有七八破甚至十二破之分。这种破裙子火星妓女穿，叫“石皮裙”；另有“百鸟裙”，用飞禽羽毛捻成线织成，据说“正视一色，旁视一色，目中一色，影中一色”，本质就是扒皮的羽绒服，地球人都知道。

说书这种曲艺形式唐朝就已出现，很受欢迎，一出来表演就被围住，如醉如痴。这世界总有缺德人干缺德事，西部将领发现群众爱听，就雇说书的往街上一站，待人围成一圈后，捆起来抓去当兵……是的，围观改变不了中国，只能改变你的人生。

“冷板凳”源于唱戏，《曲律》“清唱，俗语谓‘冷板凳’，不比戏场借锣鼓之势”，清唱者不用化妆不用伴奏，乐师的板凳自然是冷的。清唱也不够热闹，观众走来走去或者干脆退场，板凳也是冷的。你认可这说法吗？我不认可。苍井老师不化妆没伴奏清唱，我只是身体前倾但从不离座。何来冷板凳之说？

站在潮流的风口浪尖也有危险，宋朝有段时间流行花了吧唧的七彩裙，政府下令说不能这么穿，没人听，也就算了。后来流行契丹服饰，这可不行，妈的他们算什么玩意？也敢文化侵略？于是下令谁穿砍谁脑袋。据说啊，一个脑袋都没砍下来。

春宫的装饰很牛叉，卷轴用绫衬边，并且用锦缎护套，配以牙雕或玉雕别针；画册用白绫边框；封面用雕刻的木板或覆盖锦缎的纸板。反正除了精美还是精美，废话，它跟精有关不美怎可以？另外再裹上一层层锦缎存放，这点古人和我们很像，我的电影也是一层层文件夹包裹。

杨柳青年画寓意、写实多种手法表现人民的美好情感和愿望……是的，它确实满足人民愿望，每年春节上市年画里有一堆春宫画，名字很雅致叫“女儿春”。《秘戏图考》作者高罗佩可以作证，他书里写过。咿呀！神马时候才能重现辉煌啊！俺都按捺不住想好广告语了——有春宫画的春节才叫春节。

唐伯虎的春宫图，有二流画师临摹的稿子叫“底本”，这是最好的春宫。而自行创作的画师作品惨不忍睹，因为没人体模特，他们的创作过程是先勾出穿衣服的草图，然后瞎特么冥想，瞎特么走线，这类作品男女身体走形到惨不忍睹，跟车祸现场似的。特别是女的身材，就是长两条腿的大鸭梨。

“板鞋舞”是壮族特色舞蹈，传说明嘉靖年间倭寇犯境，广西也要出兵，土司招募三百兵训练，新兵步伐不一致，土司下令用木枷将脚捆住，三人一组，九人方阵艰苦训练。后来流行于民间，再后来成了人民大学标志。

明清政府也是反三俗的，所以黄色小说经常换书名出版。《肉蒲团》就曾改名叫《耶蒲缘》和《觉后禅》。这个觉发音应该是 jue，可我总认为是睡觉的 jiao——睡完觉的感悟、黄觉的感悟。

清初继承明代的教坊司，宫中还有女乐，后来撤销教坊司完全废除了女乐。宫中一切文艺表演都没有女人。电视剧里妃嫔给皇上跳舞的情形绝对不会出现；宫女跟着后妃的轿子在地下跑也是错的，宫女随后妃出门，都是坐车。女子一千五百米田径比赛是民国时代才在北京出现的。

清朝禁娼从康熙开始，到后来法令也没变，但根本没人管。曾国藩打下南京之后很快就恢复洗头房，此前也不太管。《郎潜纪闻二笔》说雍正的直隶总督李卫就不禁娼，他的理由是强盗最爱去洗头房消费，关了不好捉坏人了。“此盗线也，绝之，则盗难踪迹矣。”

北京妓院分四等：一铺炕开展业务叫“窑子”；稍装修叫“下处”；装修不错妓女能唱会跳的叫“茶室”；装修豪华妓女会文艺表演，

还能搞文艺创作的叫“清吟小班”，这是最贵的。文采如何？现辑录代表人物赛金花诗一首：含情不忍诉琵琶，几度低头掠鬓鸦。多谢山东韩主席，肯持重金赏残花。啥七八玩意啊！

甘布尔在《北京娼妓调查》说1918年北京登记妓女人数是三千八百八十，私娼没加。他推算私娼一般是公娼的两倍，那么人数大约是一万左右，与当时北京人口比例：一比八十。这八十刨去男人和小孩再得出数据：每二十名妇女里就有一个妓女。数据很吓人，当真的听吧。

1837年，法国画家达盖尔成功发明银版摄影，“达盖尔的旗帜”在法兰西上空飘扬。再过一〇二四天，飘扬的旗帜漂洋过海来到中国。从此，中国人的影像被记录下来，贵在真实地记录了下来。

《清稗类钞》说日本摄影师山本赞六郎应诏为慈禧在颐和园中拍“簪花小像”，并于庆王府消夏园冲洗照片。花费“已许以千金之赏矣，内廷传谕又支二万金”，玩单反，倾家荡产，所言不虚。

摄影进入中国前是画师天下，当时给活人画像叫小照，画死人叫影像。照相术来了，有谣言说照相后人的魂魄会被摄走，就半人半鬼了。估计是这个原因，当年为此新技术命名时把“小照”和“影像”合一起叫“照像”。不过我大东北一直叫摄影，但发音“捏影”。我同学有个叫刘影的，没人轻薄没人捏，男的。

上海原先不咋地，但太平天国一闹这地方红了。上海有租界，有钱人都往里跑，太平军又打不下来。平静后开始办工厂做买卖。工人从哪来？又他娘是太平天国在助力，这群混蛋打了十多年仗，活生生造出千万的孤儿。

1872年容闳打前站，刑部候补主事陈兰彬带着留美幼童到达米国。这群小混蛋嫌长袍啰嗦换成了西服，更有甚者加入了基督教。容闳根本不管。肿么办？陈兰彬铁肩扛道义——每月朔望日组织学习皇上的圣谕，学完对着东方磕头。后来不了了之鸟，麻麻地，米国用公历，阴历的初一十五查不到。

据容闳的侄子容尚谦回忆说，清末留美幼童的功课，除了文化课以外还学习音乐、美术、拳击和军事。容尚谦说他还曾经参加过一个舞蹈学习班。配给他两个女舞伴。说起这事小容眉飞色舞："你造马，俩小丫头的爹老牛逼啦！你造马，俩小丫头的爹是马克·吐温！"

1881年留美幼童回国，以为欢迎仪式上锣鼓喧天鞭炮齐鸣彩旗飘飘人山人海……是滴，全他妈木有。不但木有，小子们下船点名后就被清军关在上海道台衙门后院。四天后才放，三人一组被清军押送到道台衙门给大人请安。去衙门路上更闹心，群众认为他们是怪物，围成圈边看边议论，甚至想摸摸。

庄士敦培养溥仪当小资，穿西装、吃西餐、开汽车、听唱片。溥仪问唱片里叮叮当当是什么声音，答曰钢琴。"你会弹吗？""会一点点。""嗯，钢琴这玩意不错，我需要一架。"溥仪说完就买回来了，就让庄士敦教教。庄士敦真的只会一点点，他只会弹一首曲子，这曲子还不能教溥仪。妈的，他只会弹哀乐。

光绪十六年兰州设电报局，自然要架线立杆子，从西安到酒泉全长两千九百公里的线路花了二十万两白银。光绪十八年，东及陕西长武，西至平凉白水，数日之内所有电杆全被拔光！爆发点是甘肃泾州。原因是当地大旱，老百姓认为电杆把电收走了。电没了雷就不来，雨自然也没有。于是乎……嗯，逻辑真没问题。

比慈禧阿姨第一次看电影还要早两年，哈尔滨人就看过电影了。光绪二十八年，中央大街西十二道街诞生了中国第一家电影院！由此判断：中国男女第一次公众场合下亲嘴，也应该发生在哈尔滨！不但放电影，老板业余时间还拍了三部纪录片《旅顺之战》《安重根刺杀伊藤博文》《东三省总督赵尔巽巡狩过哈》。

1888年11月12号，神机营机器局总办恩佑从丹麦祁罗弗洋行购买的发电设备运到了中南海北海，花费六千两白银，随即在西苑西门外建西苑电灯公所。12月29号，北京第一次亮灯，地点是慈禧寝宫仪銮殿。从此告别蜡烛和……皮鞭？

戊戌变法期间全国兴新学，上海妓女界发起兴办青楼女学校，专为青楼女子提供教育。这个发起人是上海名妓文韵阁校书，叫李咏。他妈的，李咏懂什么啊！应该是毕福剑嘛！

说八国联军这不好那不好都对，但八国联军有一点挺好——北京公厕制度化就是他们开始的。明清以降北京街上就没公厕。笔记里曾有过俩官员凑墙根撒野尿聊政改的记录。也有下水道，就一明沟，满人管理，一年一清理。所谓京味……

19 世纪的英国，红、绿服装分别代表女性不同身份。着红装表示已婚，绿装则是未婚。英国政府受此启发发明了交通信号灯——红灯停，绿灯行。明白为什么黄灯在中间了吧？从未婚到结婚，中间，必须涉黄……

清政府扫黄效果奇差无比，后来发现根本禁不了，于是在光绪三十一年开始征花捐，卖淫业变成合法税收行业，妓女开始光明正大在街上拉客。于是北京城遍地红灯，交通彻底瘫痪。

光绪三十三年齐齐哈尔在城南永安里建一百七十二间官房，干嘛用？做妓院！先是中国人开，随后日韩两国妓女也加入阵营。名字好玩，叫料理屋。这些料理屋要交租捐，民国三年租捐了一万零九百三十一大洋。钱给谁？猜对了，给黑龙江警务公所警察做经费。

1908 年 1 月 3 号，北京的《顺天时报》第一次出现电影广告（上海很早）。那牛逼吹得好大，扎上口能当皮筏子用："大栅栏三庆园开明电影，全球第一，举国无双。"从这则广告我们得知当时票价分四等，看完电影凭票可以换礼品。都挺好，唯一讨厌的是：男女分区，亲个嘴老费劲了。

1909 年，喻培伦、黄复生、汪精卫暗杀摄政王，在北京开"守真照相馆”作掩护。所以选择开照相馆，一是化学药剂可以掩盖炸药气味，二是冲洗暗房没人打扰可以静心鼓捣炸弹，三是这群小子个个精通摄影。炸弹组装得稀里糊涂，照相馆却出了名。居然出名到专案警察都听说过：“哦，那三个嘴里喊茄子的！”

1910到1922年沈阳的街道有马拉的火车，“马车铁道股份有限公司”从南站到小西门修建了一条全长五点二三公里的铁轨（双轨），车厢能装三十人，票价五分，两匹马拉，每站换一次马。这样的车厢共二十九个，马二百多匹。因在铁轨上跑所以速度极快。至于追没追尾，反正我不做发言人，我不知道。

宣统二年天津第一家电影院“平安”开张，老板叫大老黑，是个印度人。影院装修欧洲风格。火，上层人都去玩。第二年中国人周紫云也开了一家“权仙”，风格中式，就是打不过大老黑。撑到1916年又受了一次火灾，移址荣业大街后打算奋发图强。谁料，电影院门口改成了刑场，晚上谁都不敢去，黄了。

民国二年黑龙江双城出现了一辆奇怪的火车，一节车厢三十个座。轨道宽二点二英尺，全长十二里。奇怪在动力——用马拉！售票员在车上摇铃吆喝“马拉张三，马拉李四……”一直到1931年，有个叫“彼得”的外国人上车。售票员一喊名，精神文明办官员张麻子听见了，说三俗！取缔了。

1913年10月6号，七百〇三票中五百〇七票赞成的结果出来后，袁世凯认为当一次总统不容易要拍照留念，那时照相跟打炮一样雷鸣电闪还冒烟。据说几个老家伙一整天折腾下来，又饿又累心力交瘁受不了惊吓，晕过去了。

1918 年 9 月 7 号张作霖被北京政府任命为“东三省巡阅使”，他先将奉军改称东北军，随后修建东北大学、东北电影院……由此开始“东北”这个词使用逐渐增多，慢慢成为黑吉辽三省代名。《黑土金沙录》看来的。算种说法吧。

20 年代冯玉祥国民军驻甘肃，军服潮得要死全他妈文化衫，他命令士兵在臂章上写“不扰民，真爱民，誓死救国……”吃饭唱“这些饮食，人民供给，救国救民，吾辈天职”圣歌调，冯吕布说一套做一套。当时甘肃不通车，只能靠骡马运送物资，于是强行征用民间骡马……

1928 年 9 月《申报》公布了一项在北京的调查，北京地区留着辫子的男人共计四千六百八十九名。怎么调查的，怎么取样的，一概不清楚，反正这数是出来了。

双城的丐帮平时不许要饭，政府每人每月给一斗米，初一十五可以出去赚外快。吃的没问题，穿则是帮主去警局每月领取没收的旧衣物。取暖费有点意思：双城四个门，每个门有一群乞丐把守，进城卖柴的每车柴抽一捆……看到这恍惚了，这他妈不是城管嘛！

山东主席韩复榘在齐鲁大学演讲：“蒋委员长的新生活运动，兄弟我双手赞成，就是一条，‘行人靠右走’着实不妥，实在太糊涂了，大家想想，行人都靠右走，那左边留给谁呢？”……段子好玩，但是编的。民国新生活运动规定车辆靠左行驶。北方的满洲、蒙疆和日占区的规定也是左行。

天津别称“沽”。沽本意是河，黄河有段时间就被称为沽。但天津的沽一般都是水泡子，周汝昌的解释，沽就是湖，成片的积水，简单地说就是水坑。天津有“七十二沽”之称，是说市区里有七十二个坑。我算了一下，跟跳棋盘坑数差不多，可惜这地方一个世界跳棋冠军都木有。

引滦入津前天津水质不佳，贼难喝，所谓塞翁失马，这水倒成就了水产业，金鱼以怪为美，破水让金鱼形体和颜色起了激烈的变化，只差一点就变异成 ET。当年很多人养金鱼发了大财，话说 1934 年一年时间天津输出金鱼十五万尾。

“死在柳州”，柳州只卖棺材和做棺材，原材料跟城市没什么关系。木头是柳州上游融县提供，最好是春芽木，千年不烂。民国时专卖店在柳江北岸长寿街，最出名工匠叫祝六八，棺材设计得极精致极人性化。有滑盖、翻盖、转盖、触屏等款式供您选择。ps：触屏得把人剪小了才能塞进去。

每年 6 月 3 号是国民政府禁烟节，兰州这天活动是销烟，党政要员社会名流全去，叫花子也去。开始好玩。大官说烧！乞丐呼啦就围上去，鸦片遇热会化成浆，乞丐就用打狗棒从把守士兵的腿中间伸过去挑，一会就能沾满三四两，然后狂奔。更牛逼是烧完后有人铲地皮，回去提取鸦片。叉！地沟油祖师爷。

1932 年西安易俗社在北京演《赛金花》，住在天津的某人说下刀子也得过去看！不是演得多牛逼，这某人就是赛金花本人。西北戏班总是喜欢演活人戏，更创意是陇东庆阳的班子，演员穿蟒袍扎四小旗靠甲上场，第一句就是“本帅彭德怀，湖南人氏”……底下一观众喊好，一看，彭德怀本人。

1934 年金陵大学旁边日本领事馆有个旗杆很高，金大学生不服想压日本旗杆一头，写启示筹款也要来一根，响应的人还挺多。凑一千七百块做了根超过日本十尺的钢杆，就觉得很牛逼。这根杆高 131 尺，不知道联通赞助了没有。

一二 · 九学生运动 :“在共产党领导下”反对国民政府，9 号早上清华燕京两校学生从郊区进城，发现城门被关无可奈何。城里学生走到王府井被警察拿水龙头泚。这事就拉倒了。唯一留下的名言是清华四年级蒋南翔写的一句话 :“华北之大，已经安放不得一张平静的书桌了！”

杭州有桥一万两千座，带桅杆的船能从大桥底下过 ; 十个长度一公里的大广场和市场 ; 主街道铺石板，宽四十步，人行道十步 ; 商店无数，一星期中有三天赶集日，五万人参加 ; 杭州人习惯饭前冷水浴 ; 这是马可菠萝眼里的杭州，最后风梨先生写道 : 夜总会多得吓人。意大利球员都在里面玩球。

上海延安东路原来叫爱多亚路，最初是一条护城河，垃圾填成的。它有个出名的别称——洋泾浜。此地居民说一口奇怪的外语，谁都听不懂。

上海天蟾大舞台老板顾竹轩，青帮大佬之一，以心狠手辣著称，但总被同行涮。某次许富宝对他说："干掉唐佳鹏怎么样？"顾笑而不答。许转身找到顾的手下王兴高说："顾四爷叫你干掉唐佳鹏。"王信以为真，拎着枪就到大世界，唐从大世界出来，一枪被打死。《上海滩》就是说这七八事。

1935 年 11 月广西开展"武化广西"运动！白崇禧说："全省推行醒狮运动！每村每街一头狮子！军队每个连一头！广西两万五千个村子就有两万五千头狮子！每个狮子至少有三十个舞狮壮丁会打拳！便可得七十五万人！"这事最后拉倒了，上哪找那么多狮子？虱子还差不多。

1936 年白崇禧看完"广西国术比赛"后说，他娘的南拳不咋地啊！总是掖着藏着玩防守，不如北拳牛逼，你看人家不管不顾胡抡得多带劲！要推广！上哪找北拳牛逼的当教练？到米国金山去找！金山找来了，说："司令我不行啊！俺刚被叶问给揍了。"

从前理发师一般兼职做医生，门口就挂红白蓝三色标牌，红代表动脉，蓝代表静脉，白代表绷带。因为这种山寨医生就会放血疗法，后来大夫和剃头的分道扬镳，牌子留给了发廊。再演变，就成了现在发廊门口挂着的红白蓝旋转灯了。三色的原始寓意倒是没变，男人看后依旧血脉贲张。

1949年后每五年一小庆，十年一大庆。东北油田大庆命名在1959年，于是叫大庆。那地方以前是草甸子，用高师体形容：天苍苍，野合忙，风吹草低耍流氓。

赵无眠说的，1954 年 4 月，中国代表团赴瑞士出席日内瓦会议。为体现新中国首次露脸于国际舞台的光鲜形象，代表团成员每人都定做了一套黑色中山装。代表团一到瑞士，街上行人纷纷恭敬立定脱帽鞠躬。代表团这个美啊！后来明白了，人家把他们当传教士了。

十一而税

中

释义　Money comes from the people.

出处　《尚书大传》卷二："王者十一而税，而颂声作矣。"

《吕氏春秋》:“仲春之月，日夜分，则同度量，均衡石，角斗桶，正权概。”“仲秋之月，日夜分，则一度量，平权衡，正均石，齐斗斛。”秦朝每年在二月十五、八月十五检定度量衡器，以便减少因温度变化而产生的检定误差。现在特么都改在七月十五了，方便在秤上做鬼。

太师、太傅、太保是中国古代最尊显的三个官职，合称叫“三公”。一般是虚职。待遇不错，汉朝时三公工资用小米计算，每月三百五十斛，一年四千二百斛。用“商鞅铜方升”换算，一斛等于二万〇二百一十五毫升，每年可得八万四千九百〇三公升的小米。这是三公收入，至于消费，三公消费你也配知道?

棉花在西汉时进入中国，但跟中原没什么关系。一是非洲棉到了西域诸国，二是亚洲棉传到两广、云南和福建。直到唐朝时，棉花种植地也仅限于上述地区，产量也不大。大概在元朝开始覆盖全国。再加上黄道婆改革了棉纺技术，棉布开始成为主要衣料。

李世民所以能创造出盛世，一个原因是战争使得人口锐减，荒芜的土地举目皆是，只要安心种地肯定饿不着。根据人口统计，609年全国人口四千六百万，626年人口一千六百万。不到二十年，干掉三分之二。计生委负责人和他的小伙伴都惊呆了。

681年，太仆寺长官向唐高宗汇报说，宫里的马粪卖了两千万钱，皇上觉得这事不错，和大臣商量是不是应该发扬光大?群臣意见一致:利润确实客观，但，民间会不会说皇上是马粪贩子捏?遂作罢。

秦汉时代没军饷一说（包吃住，项目结束后发提成），唐朝募兵制出现了军饷。按《新唐书·食货志》“岁发防秋兵三万戍京西，资粮百五十余万缗”算，当兵一年工资大概五十贯（一贯约合人民币一千）。安史之乱后，朝廷没钱，靠卖和尚的度碟筹饷，搞得唐朝全是秃子，剩下几个长头发搞摇滚乐队去了。

“时仓卒无以待宾，其母乃截发得双髲，以易酒肴……”陶侃招待朋友没钱,他娘把自己头发剪掉卖钱换酒。这事《世说新语》补充：“湛头发委地，下为二髲，卖得数斛米。”按押沙龙先生考证晋朝工人一天工资大约三十钱,晋一斛米大概八十钱,算三斛（九十斤），这把头发合人民币二百七十多。

朝鲜进贡假发一例，“四尺五寸百五十两，三尺五寸三百两”，按唐尺来算四尺五有一米多了，这要长多少年？除了朝鲜，靺鞨这些少数民族也进贡，靺鞨就是满人先祖，难怪只留一半头发，那一半原来都出口换外汇了。

北宋上至太学国子监、下至州县学，教育经费都是政府负担。神宗熙宁四年曾规定：“州络田十项为学粮，原有学田不及者益之，多者听如故。”到徽宗大观三年，全国已有学田十万五千九百九十顷;大观三年，全国所用经费二百六十七万贯、粮三十三万七千石。因为这个政策，政和六年，城内“士所养二十万人”。放眼望去，苍茫大地公知一片。

给成吉思汗守灵的部落叫“希日达尔哈特”，意思是黄金家族所封的神圣家族。最初是从蒙古各部落抽选出五百户精英组成，这部落属于特殊单位，不服兵役，不交赋纳贡。政府不收他们钱，也不管他们。祭祀经费靠募捐，拿着成吉思汗画像和一把短刀、一面金牌满草原游走。

朱元璋颁布《养老令》规定：八十岁以上的贫困户，每月米五斗肉五斤酒三斗；九十以上每月加帛一匹絮一斤。这制度源于汉，汉文帝规定凡八十岁以上老人，每年发当年新米十二石，酒五升；九十岁以上加发帛一匹、丝絮三斤。让文帝比较郁闷的是，这群死老头子从来不领他的情，拿到东西后全感谢郭嘉。

明朝成化年间，政府开湖广金场挖金，规模超级大，武陵十二县一共开了二十一个场，用民夫五十五万，死者无算，最后挖出黄金三十五两。还不是最惨的，成化十年开黑山金场，督夫六千人，最后掏出八两金。这八两金到底是黄金，还是那个香港演员，都难说。

明城墙用砖四亿五千万块，五省二十州一百一十八县烧制，城砖尺寸 42×22×2，每块重约四十斤，质量没得说。特别是江西承制的砖头，更是砖中精品。江西人民干活不惜工本，用高岭土烧制城砖，这土原本是专做瓷器的，现在烧砖，坚硬程度可想而知。据说超级马里奥在工地嘚瑟了一圈，随后就到医院治脑震荡了。

汉人在清朝当兵也挺闹心，长官克扣也就算了，妈的政府也来，一项针对绿营的条款叫棚扣：绿营买马钱都从官兵薪俸扣，兵丁每月扣一钱到三分。而这马未到年限死了的话，对兵丁罚款。这也太流氓了。不但流氓还抠逼，另有一条款叫扣建：农历有大小月，小月，当兵的要少发一天工资。

八旗全民皆兵世代服役，工资叫“食钱粮”，也就是所谓“铁杆庄稼”。兵出缺时从家中子弟里选拔。工作不会丢，钱也够花，所以清初满人都挺满意，但架不住越生越多。乾隆二十一年一千五百名八旗兵去广州，到光绪四年人口增至六千一百一十三人，物价上涨十倍多，政府拨钱总额却没变。所以清末满人对政府意见也很大。

“惟京中住房二所，外城鲜鱼口空房一所，通州典地六百亩，张家湾当铺一所，本银七千两”，这是曹頫给康熙的奏折里提到的。曹雪芹家在北京资产也不算少，被抄家后好像就是靠这些活下去的。

乾隆三十年，朝鲜使团出使清国，团长洪大容见到抚宁知县贾熙明明没什么文化，就很好奇地问：您是怎么当上知县的？贾熙很大方地告诉他，我的官是按规矩捐来的。洪大使感慨万分！对清国的捐官制度如此光明正大，对于捐官之人如此毫不遮掩、坦言直白大为赞叹，敬佩不已：“华俗之真实，大可敬也！”

想要做大生意必须跟政府高官勾结，当然投资和寻租要看个人眼光。胡雪岩最初在杭州只是个钱庄的业务经理，认识了一个捐了官没钱投供的落魄混子王有龄，他就有魄力偷着拿出贷款给王有龄去做官。这次风投赚大了，王先生很快混成了粮台总办并不断高升，带着胡雪岩一路奔小康，脚步呼呼滴！

1851年洪秀全下诏："凡一切杀妖取城所得金宝、绸帛、宝物等项不得私藏，尽缴归天朝圣库，逆者议罪。"1852年再诏："通军大小将自今不得再私藏私带金宝，尽缴归天朝圣库，倘再私藏私带，一经查出，斩首示众。"……百年后，"公私合营"来了。

跟英国的《天津条约》除了赔英商四百万以外，也不算太过分。要点有五：建领事馆，各派公使；开商埠；改正税两国商定；英国人犯罪英领事惩办，两国国民争讼，中英会审；英国人可以在中国旅游。可是，清政府签完合同不认账。于是被揍，再签《北京条约》，咔嚓变八百万。

江南制造局能造船，也有过成品，但后来不发展了，工期长也就算了，关键是成本受不了，他们生产一艘破船的费用能进口两艘。

光绪二十六年八月十四，八国联军进京，王懿荣带人巷战，战败先是吞金，没死了，又吃药，还是不死，没办法跳井了。殉国后购藏的甲骨分散三处：给《老残游记》的刘鹗一千〇八十五片；天津新学书院二十五片；王家中留了大概五百多片。这些甲骨当年价格就惊人，王收购时每片白银二两，换成人民币大概一百五十多万。

1904年慈禧七十大寿，新疆巡抚潘效苏命人织了条一百多平米的超级大地毯，华丽至极，谁想这年慈禧因为八国联军的事装廉洁，收礼只收脑白金，没要这地毯。1915年袁世凯称帝，新疆政府又拿出来送礼，刚动身袁世凯死了。新疆政府永远送不出去这块地毯吗？嘿嘿，时间来到了 1949 年。

八国联军赢了，庚子赔款要了四个亿，也不全是贪得无厌。八国的美国成立个基金会，清政府把钱给美国政府，美国政府再把钱转到基金会，然后专门培训中国人到美国留学。这就是庚子赔款生的经费。到了民国，各国都在退款。连日本都退……胡适说的。

《辛丑条约》赔偿鬼佬白银四点五亿两。这数据，有种说法是列强要给中国一个教训，四亿两的赔款就是四亿中国人谁也别跑，每人一两；辛亥后，按协议民国每年给清室四百万白银的安置费，我怀疑也是这个套路。四亿中国人每人出一份力……有点理解计划生育了。

1911 年辛亥革命军发了大财，布政使保险箱清单如下：存银一百二十万两，铜币局现洋七十万，白银八十万两，官局铜元二百万，官票八百万张，洋元票二百四十万张，库银三十万两，现洋三十万……湖北财政存款总计四千多万。当局是有钱的，但，还是垮了。

1912 年成立的南京临时政府就存活了三个月，但发行了四百万的钞票。上海商务印刷馆承印；民国政府总把印刷钞票的业务交给出版业来做，中华书局一印就是二十年。原因是印刷馆的设备和技术国内第一牛逼，印钞厂白扯。明白为什么“书中自有黄金屋”了吧。

1913 年 12 月为方便交通，民国政府拆除南京的城墙。砖头卖掉的钱赈济失去经济来源的满族人。这事很有政治意味，因为城墙是明朝朱家修的，拆了卖砖钱却给满人用。不说这行为艺术，单说砖，因为质量奇佳，销售很好。大实业家张謇宁可从南京买下运回南通。更有外国客商，英国人柏耐就用它修了扬子饭店。

康有为 1913 年回国，广东政府发还了被清政府抄没的家产，并加发官产作为补偿。有钱！ 1914 年去上海，房租每月一百二十银元。妈的不如自己买地。康康买！随即上海地皮飞涨。康先生买地有特点，先打听哪里要修路，然后收购路边的地皮，1906 年在墨西哥城就这么干过。

《清室优待条件》规定“清帝岁用四百万两由民国政府拨发”，实际上全额拨款就一年。此后一直拖欠。民国拖溥仪，溥仪就拖下人。溥仪在天津时侍卫工资每月十七元，但没钱给。侍卫吃饭要交钱的，每月六元。溥仪不给侍卫钱，侍卫就不给食堂钱。食堂菜谱就这样：草根炒裤腰带，树皮炖鞋底子，自来水汤。

庄士敦做溥仪英文教师的待遇是“头品顶戴，毓庆宫行走，紫禁城赏乘两人肩舆，月俸一千银元”；而“陪太子读书”的价格也有，溥仪的弟弟溥佳作为英语伴读“赏紫禁城骑马，月例八十两白银”。大概换算下：英语教师的月薪是人民币三十五万，伴读的四万。

清朝负责翻译出版的同文馆就是“少年疗养院”。齐如山说学生每月有八两白银奖学金，大概相当人民币五千。食宿全免，吃得特好，每顿七大碟八大碗；来同学还可以命令厨子加餐。成绩如何？有小子学了九年俄语，三十三个字母还没认全。

溥仪大婚时，宗人府查完了《大清会典》最后决定按照同治的婚礼模式办，因为省钱。婚礼预算是四十万，当年一袋白面两块。为了凑这二十万袋白面把内务府翻个底朝上，就是没钱。怎么办？找北洋政府要，你们说好“清室优待费”从没兑现过，现在皇上结婚，多少得给点吧？北洋政府回复得很干脆，俩字：没钱。

溥仪下边一个姓唐的太监，爱狗，花了五百银元买了一只藏獒，有小毛驴一样大，全身虎皮花纹，最奇特是额头上有个“王”字。这么牛逼的狗必须嘚瑟，必须显摆啊。然后，就被溥仪看到了，给没收了。

《辽海小记》曾记载一次对话，吴俊升对张作霖说：“钱哪，我在日本正金银行、朝鲜银行、东三省银行存了好多！我的财产不比你少。”吴俊生大概有多少钱？他的顾问早川正雄在《吴俊升面影》记载：“我的财产仅亚于张作霖，据东三省第二位。张作霖财产约有一亿，我也不少于伍仟万元。”

蒙古王爷扎萨克逊博尔巴图1923年买了一辆美国汽车，花费三万七千块银洋。20年代上海男工人的月工资大约二十银元。我数学不好，哪位有兴趣可以换算下，这辆车现在多少钱？

1930年宜宾县为了修自来水厂，征收粮款十三万银元，大概只需一半就能修成。但因为事情耽搁，于是存在银行吃利息，这钱开始搞笑了。1935 年国民政府币制改革不许银元流通，十三万银元按一比一换成了十三万法币，紧接着法币狂贬值又改成金圆券，按照比例换算，这十三万法币只能换几毛的金圆券……

1934 年刘志丹自己成立银行印钞票，没机器，那我们在木板子上抠图案！抠好说印吧，没纸。最后用白布蒙在木板上，蓝颜色拓印。怕掉色把布刷桐油。这就是“南梁油布票”。网上找不到，历史博物馆有一张面值一毛的。当时也印了五毛的，网上找得到。

鸦片为什么贵？原因全在税。四川禁毒办公室主任谢藻生回忆文章说，农民种下烟苗就开始收税。计有：烟苗税，印花税，起运税，落地税，过境税，出售税，内销税，外销税，红灯税，各个环节都收过后，为捞钱，又创立附加税。最叹为观止的是懒税——产烟地的农民若不种鸦片，就得交税，因为你懒。

四川军阀强迫农民种鸦片，不种鸦片可以，交“懒税”。收费方法是：不种鸦片只种粮食。种粮一年，先交完三年的税；若明年再不种鸦片，明年交五年的税；后年再不种，交七年的税。四川田赋，1934 年的时候已经预征到 1956 年，这是原因之一。

四川彝族人卖鸦片只收白银不收纸币，没白银用枪换也可以。当时重庆黑市手枪一百块，步枪两百。每只手枪可以换鸦片三百两，步枪换六百两。而重庆的鸦片价格是每两三块左右，所以彝族的装备当年是杠杠滴。刘伯承所以同彝族首领小叶丹歃血盟誓结为兄弟，纯属无奈，因为打不过。

民国军阀没有一个不种植贩运毒品的，唯一不种这玩意的是桂系。不是洁身自好，黄绍竑说，不是不想种，水土不行，鸦片在广西不孕不育……上天对军阀是公平的。广西虽然不产鸦片，但最好的云南、贵州鸦片想要输出广东香港，必须经过广西。于是广西出现了无数露八颗牙的微笑收费站。

《河南文史资料·中州轶闻》中提到河南马山口 1935 年出现过一个古怪的集市，地方政府定出保安费、地方费各种名目后，官员暗中指派经济说合人，不准私自交易，价格由说合人定，交易中抽取六成服务费。买卖的是什么？人！从十八岁到襁褓的小孩，都是商品。

抗战后通货膨胀，1946 年 12 月国民政府教育部的做法是：抗战前的工资乘以“薪金加成倍数”（规定是一千一百倍）再加生活补助费基本数（十七万）。就是说战前工资六百块，现在领取数额：（600×1100）+17 万 =83 万，能买一千斤白面。到 1948 年倍数涨成十一点五万倍，能买二百二十斤。

金圆券膨胀的八卦：1947 年 10 月末柳州商店拒收面额四百以下钞票，因为数不过来。持币者无望将四百面额钞票打捆，找菜农换菜，一斤钞票换一斤菜。只持续了几天菜农不干了。因为 11 月 5 号柳州银行将四百以下面额共计三亿的钞票烧了，这类钞票不能再流通了。

1948 年南宁：绝不用钱，一律以物易物，日常大米做本位；一斤油换五斤米；一斤糖换三斤米；一斤酱油换两斤米；一斤猪肉换十斤米；剃头四斤米；就这样还有人看戏！票价按座位前中后收米：八斤，五斤，三斤。街上经常出现的画面：一个优雅的名媛缓缓打开爱马仕包，伸手抓把米换了串酸嘢。

1948 年 3 月 11 号，十万面额钞票出现，9 号一张饼售价一千，11 号卖五千，搞笑事也有——这天乞丐拒收千元钞票；4 月 5 号是清明节，上坟全烧一千块真钞，因为一万元只能买三四张冥币；4 月中旬更好玩的事出现，某人在太平中街吃饭，告知米饭两万一碗，要第二碗时店主说："两万五了！"

从国外引进印钞机大批印刷法币投放国统区市场，结果国统区物价飞涨，民怨沸腾，广大人民认清了国民党腐败无能的真面目。当时在国统区秘密工作的同志，一个主要任务就是分钱、花钱、发钱，既解决了活动经费，又取得了加速国统区金融瓦解的效果。

粤剧演员廖侠怀演《六国大封相》戏服用贬值的金圆券做装饰，贴一身！当局以侮辱国币的罪名罚他款。廖侠怀拿着金圆券去交"侮辱国币罚款"。收款员坚决不收并怒斥老廖："这玩意跟废纸一样糊弄谁啊？拿港币来！"

陈玉昶出生于 1921 年，沈阳人。1961 年调吉林省交通厅，1966 年调吉林省汽车修配厂担任技术工作。陈玉昶自幼爱好美术，50 年代应征铁道 logo 设计，陈的方案是以"工人"两字组合成为火车头造型，当选。奖金是八百斤小米。小米手机重一百四十九克，售价两千。请问八百斤小米多少钱？

1941 年 10 月 27 日，西安广仁医院死了一个人，两个抬尸工抱怨死得太早影响了睡觉。他们不知道，这个死人会给他俩带来什么……挖坟坑时“当啷”一声镐头断了，扒开土发现一铁箱子——整整一箱金豆子！可是这两个蠢货却因分配不公吵了起来！我们都知道警察来了。

《西安晚报》当天头版头条报道了这个特大新闻：黄金重量一百四十斤，存于八分局；第二天继续报道：“八分局朱局长谈发掘经过，黄金共计四十斤。”数据变化还没结束，上缴市局、省政府……一次比一次少，最后黄金去哪里了？书上没写，我也不好猜测。

50 年代南京大规模扒城墙，拆下的城墙砖明码标价。1954 年《南京市拆除城墙计划草案》说，整砖每立方十二块钱，半砖每立方七块，碎砖一块五。这个价格有趣，因为 1955 年 3 月 11 日，南京第三区政府报告说：“原计划拆城所耗经费，靠卖砖，基本上不赔不赚。”

十二重楼

西

释义　The food is falling down.

出处　《金丹元奥》:“何谓十二重楼？人之喉咙管，有十二节是也。”

《周礼》说天子的饮食，凡王之馈，食用六谷（徐、黍、稷、粱、麦、菰），膳用六牲（牛、羊、豕、犬、雁、鱼），饮用六清（水、浆、醴、凉、医、酏），再加上点酱，就垃圾霸道了。

《周礼》中不断出现“酱”，这酱的做法是：“必先膊干其肉，乃后莝之，杂以粱曲及盐，渍以美酒，涂置瓶中，百日则成矣。”肉晒干捣碎，把酿酒用的曲和盐拌匀，加酒统一装坛封口，百天即成。酱有“百酱”之多，是肉就能做酱，蚂蚁、虫子、鱼、癞蛤蟆……都是原材料。就素酱紫。

古代祭祀，猪牛羊叫“太牢”，这是天子规格；诸侯只能用猪羊，叫“少牢”。天子将宰好的猪牛羊三个畜生连同玉璧、玉圭、缯帛放倒柴火堆上，点燃，滚滚浓烟直冲上天。因为没有神舟各种号，古时与天沟通只能用这条浓烟做电话线，通话质量堪比“喂喂操”，还经常串号，因为一股西风过来，很可能是耶稣接的电话。

西周时款待宾客的礼仪大概有三种：飨、食、燕。“燕”通“宴”。燕最欢乐随便灌随意骂；食是养贤之礼，以吃为主很少喝；飨是最高档次，类似于带头大哥们聚餐。这种吃最虚伪，“体荐而不食，爵盈而不饮，立而不坐”，不吃不喝不坐，就是干瞅着。所以“以飨读者”意思就是读者看看就行了别特么那么多意见。

先秦时代的宴会没啥可吃。厨师就开发新菜，齐桓公的御厨易牙最狠，从原材料下功夫，丫把儿子炖成肉酱给齐桓公吃。这故事说得很残忍，“虎毒不食子”之类的跟帖一大堆，但我怀疑杀掉的并非是易牙亲儿子。因为上古性开放，孩子不知道是谁的，所以有了弃子和杀首子的风俗，第一个孩子不是扔了就是杀了。

秦享国十四年，饮食和战国差不多。始皇帝大王当得很没意思，一辈子就想嗑药，结果到死都没磕过。药贩子徐福最他娘的坏，不只是骗子，还拐卖六百儿童去日本。

汉朝老人到七十岁，政府发一根棍子给他，棍头是鸠的造型，叫“鸠杖”。传说鸠这种鸟的喉咙跟德国修的下水道一样，从来不堵，以此祝福老年人吃东西噎不着。有了它就可以为老不尊。关于这类手杖最神奇是《类函引陶家瓶余事》这段：“徐凤有一杖，每年生一节，二十年后，每年缩一节。”什么玩意？电视天线！

汉承秦制，秦又循周礼，所以汉皇依旧“食用六谷，膳用六牲，饮用六清，馐用百有二十品，珍用八物，酱用百有二十瓮”；不过厨师队伍变得庞大，厨师三千，服务员也三千。为与平民一天吃两顿区别开，装13，皇上吃四顿；主要食品还是八珍：淳熬、淳母、炮豚、炮牂、捣珍、渍、熬、肝膋。

张骞开了西域的丝绸之路，国际贸易让汉朝食谱焕然一新。有种食品汉灵帝最爱吃，就是胡饼。媳妇也跟着吃，所以皇后娘娘天天吃烙饼，确是事实。汉朝皇帝吃完国产吃进口，一句成语总结：吃里扒外。

它们进入中国的时间：张骞通西域带回了葡萄；茄子、黄瓜和扁豆是南北朝时传入；菠菜、莴苣是唐朝；西瓜原产非洲，大约宋朝进入中国；花生、向日葵明朝由美洲传入；辣椒明末清初；西红柿大概清时传入，最初是观赏植物，清末开始食用。所以电视上出现古代人吃西红柿，你可以砸导演一脸西红柿。

三国饮食跟汉差不多。稍不同是大王比较爱水果，曹先生最爱酸梅，打仗不给士兵发汽水，说前面有酸梅……靠一张嘴把手下忽悠得一嘴口水。这位大哥对同行还算不错，真请刘备吃酸梅，酒泡的。老刘刚要吃，丫后悔了，一句话把刘备吓得连滚带爬：“天下英雄，唯使君与操耳。”这句话的“操”是名词不是动词。

《食珍录》载：“浑羊设最为珍食，置鹅于羊中，内实粳肉，五味全，熟之。”把鹅放进羊肚子里烤，只吃鹅。这道菜首创于南北朝，后人发扬光大，鹅肚子里再塞鸽子，鸽子里塞鹌鹑蛋，一条吊诡的“生物链”诞生了。更吊诡是《鸡肋编》所说：“老瘦男子廋词谓之饶把火，妇人少艾者，名为不羡羊，小儿呼为和骨烂，又通目为两脚羊。”老头肉难煮，要多加柴；女人比羊肉好吃，小孩肉更嫩……更更吊诡的是人吃完人又被人吃，画面这样：打开肚子，里面一个人，再打开，还有一个人……激烈认为“俄罗斯套娃”产自中国。

据说吃了忘忧草后烦恼忧愁青春痘，统统不见了。忘忧草是不是大麻？查啊查！嵇康《养生论》：“榆令人瞑，合欢蠲忿，萱草忘忧，愚智所共知也。”妈妈滴，原来忘忧草就是萱草！很难找吧？难找个屁！丫别名“黄花菜”！

《朝野佥载》:“张易之为大铁笼，置鹅鸭于其内，当中取起炭火，铜盆贮五味汁，鹅鸭绕火走，渴即饮汁，火炙痛即回，表里皆熟，毛落尽，肉赤烘烘乃死。”这是关于烤鸭的最早记载吧。这个张易之就是武则天的面首。本人就是个鸭子，同行必排挤？相奸何太急？！

武则天采百花加糯米做百花糕；苏东坡把松花、槐花和杏花酿酒；杨万里鲜梅花蘸糖；慈禧发明玫瑰花甜酱。梁实秋吃玫瑰花饼，汪曾祺油炸木槿花，郭沫若木槿花煮汤。袁枚春天做藤花饼、玉兰饼，夏天炙莲瓢食荷花，秋天蒸花栗子糕，冬天做腊梅荠菜羹……刚搜来的一群花吃。

唐中宗真是活活吃死的。李先生的老婆韦后不守妇道找姘头，韦后觉得有中宗在中间扯得不够尽兴，于是和姘头散骑常侍马秦客密谋干掉李显。姘头马师傅厨艺相当不错，最擅长做“汤饼”，就是面条，下毒。李显吃完马师傅的“马面”，跟着牛头去地狱了……面条是可以吃的，但要认准师傅，最好选姓康的。

唐朝人居然早上就开喝，他们认为早喝早醒酒，晚上是要睡觉的。劝酒也神奇，曾有一县令发明了一台木质机器人，能咔咔给宾客倒酒。与其搭档的是个木质歌女，能弹琴会唱歌。宾客若喝不完酒，这个木歌女就卡碟似的一直唱下去：“木有喝完呀，木有喝完呀……”

“乌台诗案”苏东坡被劳教，跟儿子苏迈定下暗语：没事送肉，出事送鱼。没两天苏迈去外地办事，托亲戚代送饭，忘了告诉暗语结果送了鱼。老苏一下酥了，万念俱灰写了首绝命句“梦绕云山心似鹿，魂飞汤火命如鸡”……临死都不忘吃。

《铁围山丛谈》：北宋崇宁时有名士携家小过苏州，苏州守将宴请他吃河豚。名士怕中毒，又不能撅领导面子，交代家人：河豚中毒要吃人屎才能解，晕过去记得给我灌！毅然赴宴，谁料当天守将没买到河豚，虚惊一场，高兴，喝大了，喝到昏迷不醒送回来。接下来，家人当然认为中毒了……

宫女吃得特别好，皇后娘娘天天吃烙饼，油贼大，吃不完就赏给她们。但宫女不敢多吃，怕饱了打嗝有异味，所以从没吃饱过。也不敢吃鱼，更不敢多喝水。宫里规矩从夏至到处暑每人每天一个西瓜，姑娘全都摔碎了听响玩，边摔边喊：“老子在城里吃馆子都不花钱！”

徽宗确实在吃上很闹心，话说拿橙子去跟李师师搞破鞋，刚要吃，周邦彦突然从床底下钻出来搅局。到了金国更憋屈，女真饮食“其饭食则以糜酿酒，以豆为酱，以半生米为饭，渍以生狗血及葱韭之属和而食之，芼以芜荑”。这玩意他根本吃不下，于是在金国减肥成功，于是“瘦金书”。

“拣择不净，徒一年；进御不时，徒一年；秽恶之物在食饮中，徒二年；不品尝者，杖一百；误犯食禁，绞。”宋朝宫里做饭的好悲催，菜择得不干净，上菜慢，劳动教养一年！菜里发现头发，劳教两年！

不替皇上试菜，揍一百板子。皇上吃坏肚子直接绞死，小绳一勒白眼一翻舌头一吐，矮马，刀尖上的中国。

北宋人还能喝到葡萄酒，南宋人彻底变成吃不到葡萄的狐狸。江南种葡萄太难了，北方葡萄产区全被金兀术家霸占了。以至于喝葡萄酒比穿貂皮大衣还牛逼。陆游在诗里生气说："如倾潋潋葡萄酒，似拥重重貂鼠裘。"有建议网购的。购不了！上不了网。因为陆游气坏了！

宋朝皇上吃啥有啥，东北皇上有啥吃啥，且看金兀术之爹阿骨打之御膳：稗子饭一碗，腌韭菜花、野蒜、长瓜。木盘盛猪、羊、鸡、鹿、兔、狼、麂、獐、狐、狸、牛、驴、狗、马、鹅、雁、鱼、鸭……烤熟了自己切片蘸蒜泥。就吃这七八玩意。

《岭外代答》载广西钦州家里有人去世，为表示哀悼不吃鱼肉吃素。这个"素"是啥玩意？螃蟹、生蚝、沙虫……反正全是海鲜。理由是海鲜没血就是素食。明白"三年不吃红烧肉"的理论基础了吧？

女真人不种小麦，只吃稗子饭，有时把稗子磨成粉加奶搓成团（别联想）。菜更好做——肉和野菜一锅煮成泥，或者内脏搅和韭菜花煮成泥，皇上平时就吃这个。国宴情况有变，加一道超级名菜——肉盘子！纯肥猪肉切片，边上摆大葱，上桌！

把松子、胡桃仁渍蜂蜜和糯粉（本地不产，主要依赖进口）揉一起油炸，再抹上蜜，这种油炸糕叫茶食，是大金国最最最最最最高档的食品。所以这么多“最”是因为烹饪技术要求极高，全大金国只有特级厨师范德彪能做，范德彪是个磕巴。

“饮食甚鄙陋，以豆为浆，又嗜半生米饭，渍以生狗血及蒜之属，和而食之。嗜酒，好杀。酿糜为酒，醉则缚之，俟其醒。不尔，杀人。”八百年前的东北人，喝大了必须捆起来，若不然，这个醉鬼就杀人。我认为最好在井边喝，捆起来能当辘轳，为人民做贡献。

中国人太特么有创意了，酿酒时往里放羊肉，美其名曰“白羊酒”。《遵生八笺》说酿酒法：糯米一石如常法浸浆，肥羊肉七斤，麯十四两，杏仁一斤，煮取苦水，右同羊肉多汤煮烂留汁七斗，拌前米饭，加木香一两同醖，不得犯水，十日可吃，味极甘滑……甭试了，想喝去买碗羊肉泡馍，放馊就这味。

官奴在双门，驱知府女鲁欢至，言：“汝自车驾到府，上供不给，好酱亦不与，汝罪何辞。”遂以一马载之。令军士拥至其家，检其家杂酱凡二十瓮，且出所有金具，然后杀之……这段话特逗，元帅蒲察官奴杀了知府石盏女鲁欢，理由居然是：你家有东北大酱不给皇上尝！

古人管热面叫汤饼，凉面叫冷淘。吃汤饼的名人要算何晏。吃冷淘的达人得说杜甫，杜诗有首说槐叶冷淘，是用槐叶捣汁和面，搁井水里冰上，再用熟油和调料拌食。所谓“碧鲜照箸，冷雪经齿”，是消暑妙品。方便面名人博主记：杜甫是韩国人！

王维的别墅叫“辋川”，王大哥装修时留下的效果图就是赫赫有名的《辋川图》。有人依此临摹，最具创意的是五代尼姑梵正。这位大姐临摹不用笔墨，而是用脍、肉脯、肉酱、瓜果、蔬菜这类东西雕刻拼接，摆二十盘，凑一起就是完整的效果图。然后，吃！一顿饭干掉一栋别墅！

古代“烧酒”跟现代意义的烧酒两回事，现在的烧酒，也就是蒸馏酒，李时珍叫“酒露”，元朝才开始有。而古代“烧酒”是烧开的酒，酿造酒加热。目的是加长保质期，生啤做成熟啤的意思。酒浑，还有渣儿。武松喝那十八碗，其实就他妈果粒橙。

元代诈马宴有一套莫名其妙的仪式：先在羊头刻吉祥符号，然后扳起羊头；把羊前腿打碎让它跪下；打碎脖颈让它低头；后腿骨打碎趴下；扶起来让它站着；再跪；取左腰脊肉、羊尾祭洒；取三十四块肋骨、二十四块腰肌骨、二十八块前肢肉再祭献；最后祝词：二二三四，再来一次。肯定这词，整个仪式就是羊做广播体操嘛。

古代给皇上做吃的机构叫“光禄寺”，分“珍馐”“太官”“良酝”“掌醢”四个署。八旗进京后，多尔衮在四个署里加了满族厨子做菜。从此宫廷招待会出现两种叫法：满席、汉席。但绝没有“满汉全席”这一说。光禄寺都做啥知道不？除了不杀人啥玩意都做。不过后来改名叫“禄寺”，就开始杀人了。

康熙吃饭“每食仅一味，如食鸡则鸡，食羊则羊，不食兼味，余以赏人”，雍正每顿六七个菜。爷和爹节省，乾隆就得跟着装，天天喝苞米面稀粥。后来街上小孩喊：大款吃稀饭，纯属装逼犯。想想也是哈，就开吃好的。菜品、厨师就不说了。光给他膳事立档的秘书就有十一人。吃的啥知道不？烙饼！油贼大！

清朝皇家宴会上，皇上赐茶，要跪叩；喝完，跪叩；大臣祝酒对皇上三跪九叩；斟酒，回位，饮毕，乐起，吃完……跪叩。整个宴会礼仪下来，跪三十三次，叩九十九回。吃完饭大臣个个都腰椎间盘突出、脑震荡晚期。

康熙办的千叟宴菜单：银锡火锅两个，猪肉片、羊肉片、鹿尾烧鹿肉一盘，羊肉乌叉一盘，荤菜四碗，蒸食寿意一盘，炉食寿意一盘，螺丝盒小菜二个，乌木筋一只，肉丝烫饭。皇家国宴就吃这玩意，鹿肉我吃过，贼硬，老头牙都跟麻将牌似的一碰就倒，这顿饭吃完，口腔医院跟菜市场似的。

翻书看到这么一段，1648 年宁波杨家兄弟抗清失败被杀。杨家媳妇张氏自杀殉夫，跪拜公婆后悬梁自尽。当时杨梅上市，族人手捧杨梅探望，见张氏气息未绝，道："夫人吃了今年的杨梅再上路吧！"张氏就下来尝，说挺甜啊。然后擦擦嘴又爬上房梁，继续上吊。

古代小姐都骗吃骗喝，名妓董小宛算异类，她认为拴住男人的胃，就是拴住男人的根。且辑录董小姐食谱：取五月桃汁、西瓜汁，去杂质以文火煎至七八分，放糖继续熬炼，最后形成果冻，"桃膏如大红琥珀，瓜膏可比金丝内糖"。她的厨艺确实了得，"醉蛤如桃花，醉鲟骨如白玉，虾松如龙须，脯如鸡粽，腐汤如牛乳"。

清末就有碳酸型饮料了,《清稗类钞》这样介绍:"以碳酸气及酒石酸或枸橼酸加糖及其他种果汁制成者，如柠檬水之类皆是。"这种饮料俗称"荷兰水"。但作者说并不是荷兰人发明的，这么叫是因为"吾国初称西洋货品多曰荷兰，故沿称荷兰水，实非荷兰人所创……荷兰人多诈欺之徒，冒替也"。

慈禧属羊,看戏时最忌"羊"字,戏名里不能有"羊",戏词也得改。京剧《玉堂春》"好比那羊入虎口有去无还",为避"羊"要改唱"好比那鱼儿落网有去无还"。但对羊肉却毫不留情。身边人回忆说超爱吃酱羊肉，羊三叉。下雪天逛颐和园时灰太狼做派，必须准备松塔架烤羊肉，不给吃就生气。

慈禧逃难到西安，那年陕西大灾饿殍遍地。老娘们根本不管。某日说要吃冰镇酸梅汤。西安百里外的太白山常年积雪,山洞里有冰。于是每天用棉布包裹冰块往西安城里运。操他妈,这冰比冰毒都贵。

四川盐商太会吃了，有道菜叫"玛瑙碎片"，一盘要一百只麻雀，只吃它们的大腿内侧肉(除四害时候发明的?);还有一道"退秋鱼"，这鱼只有沱江才产，做法不古怪，上菜古怪。早上厨师去沱江雇渔民下水，捞上鱼后选好去刮鳞，在江边把鱼下到锅里，点火后让脚夫扛着锅和灶往回走，路途大概有七八十里，回到家，菜正好出锅。怎么不再扛个吃货，边走边吃啊……

陇西山村的腊肉极好吃，主要是猪好，散养在山上天天吃草药，当归、党参、大黄……猪吃得跟华老栓儿子似的一身药味精瘦精瘦的。

做腊肉之前关栏里养膘，肥了杀！所以好吃更重要的一点是腌制作料里必须掺进碎驴肉……唐僧张果老抱头痛哭。

甘肃临洮县麻饼有个性，不是烙也不是蒸，而是到山上挑一堆小石子经过筛选后放在锅里炒，其间不断加油。待石头滚烫后将生面饼埋进石子里加盖焖，大概二十分钟出锅。饼放进去是软的，出锅后粘一堆石子，划拉下去后全是坑，所谓“麻饼”也。亦可称：青春痘饼。

古代流传三种辟谷法，一种是少吃，就是节食减肥，算不得辟谷；二是只喝水不吃东西，这是严格意义上的辟谷，辟谷本来就是“回避谷物”的意思；第三种搞笑修习者并非完全绝食，间歇性服用一些丹丸……什么丹丸？包装纸上四个大字：压缩饼干。

古代醒酒方：喝多了泡澡；吃水果；闻紫苏叶；竹根煮汤，再加上五个鸡蛋，喝下不头疼。戒酒方：白色母狗乳汁与酒混合，能戒酒。想戒的快尝试这个：柳花碾碎，再捉一只老鼠，把老鼠头皮扒下，和柳花一并泡酒喝下去。不但能戒酒，还能戒饭。

杨虎城说他曾吃过“花面”，把高粱打碎成粉，然后和面，擀成薄皮，再将擀开的白面皮叠在一起切成面条同煮，一红一白两个颜色的面，据说贼好吃。

萧伯纳 1925 年开始只吃素食，“动物是我的朋友，我不会吃我的朋友，有人问我为什么这样年轻，只是其他人看来比他们的实际年龄苍老罢了。吃尸体的人便是这样。”蔡元培更狠，“我不吃肉，是出于感情考虑。现在我的感情在动物上，就不吃动物。等到哪天对植物有感情了，我就不吃植物了。”

《济南小吃》发现个小秘密：30 年代济南城有个叫王禹子的老头，烧鸡做得特别出名，不开店，拎着装满鸡的大柳条筐沿街叫卖。不但卖烧鸡，鸡杂，鸡肝，鸡肠，鸡血……都卖。包装有个性：用的是大明湖畔夏天的荷叶……

怪味坛子肉：猪牛羊精肉、全鸡、全鸭、全鹅、木耳、香菇、扇贝、大虾、鱼翅、牦牛肉干、宣威火腿……总重量到一百斤后放作料搅拌，装进超级大锅里面煮熟，再装进超级大缸封口，用胳膊粗的草绳将缸缠得密不透风，放火上烧，烧到草绳成灰即可。这里面有猴子肉的话就是老君炼丹炉了。

鲁迅喜欢吃蒸火腿，女仆不太会，许广平手把手教她。娘们笨，总教不会。话说 1933 年 4 月这一日茅盾来周家，要鲁迅去吃乌镇特产“野火饭”，这种饭是把肉丁、笋丁、豆腐干、虾米、豌豆加调料跟大米搅拌煮熟。鲁迅吃得很嗨，许广平没吃。为什么没吃？在家教仆人切火腿呗！

郁达夫江湖报号：绿豆王子，一见王八就对眼。暴爱甲鱼炖火腿，一顿能吃一斤，或者吃一整只童子鸡。王映霞说所以这样是他小时候太穷，一碗肉圆要吃半个月，疯狂吃是对童年的报复……王接着说疯狂吃的后果是……郁达夫的痔疮吃好了！

上海“复盛居”小吃店，火烧做得天下第一。于右任平生最爱。1945年有人从上海回重庆，于右任第一句话就问：“复盛居现在怎样？”话说1956年曹聚仁到上海，狂吃了一顿后给台湾的于右任写信说，复盛居的火烧真好吃啊真好吃，可惜你就吃不着呀，吃不着……我问过曹景行先生，他说没后一句。

古龙酒量好，但不懂分辨酒味，见酒瓶好看就说好酒。喝酒奇快无比就是个灌！五个人喝二十八瓶白兰地是他喝酒最高纪录，平时状态不行。倪匡说他跟古龙、王羽一起吃饭干掉五瓶XO，之后去夜总会再喝，喝完各回各家。第二天三个人一人挂一个吊瓶又凑一块了，在医院。

十三不靠

北

释义 Chaos.

出处 麻将术语。又称大乱、全不靠等。

据说文字发明前记事方法是在一条绳子上打结："事大，大结其绳；事小，小结其绳。结之多少，随物众寡。"由春至冬大小事记下来，滴里嘟噜一串疙瘩。所以我现在看东北的蒜辫子，觉得它写满了历史。

根据气象学和地质学考古学天文学考证（论文我看不懂，但瞅着挺像那么回事），夏朝之前，中国确实有大洪水时期。但专家们认为那个时代的知识、工具水平根本完成不了洪水的治理（屈原也怀疑过）。最大可能是大禹刚上任，他妈的气候突然好转，海平面下降，小子白捡了个大便宜。

烧纸的习俗，源头应该是"燔燎"。上古中国人祭天时要烧东西，玉帛牲畜架在火上烧。献礼是一部分，主要的是焚烧后冒出的那股烟，这股烟相当于连通天地的电话线，禀告天神后，再聆听旨意。后来烧不起了，改成了纸。是的，每一个烧烤师傅，上辈子都是破产的祭司。

纸糊"轿三乘，马三匹，香亭一座，船一只，宝幡一架，伞三把，阳屏四个"，"金银元宝四百个，饽饽一百个，猪一口，羊一口，酒一大瓶"，这份单子是"送圣"用品。送圣啥意思？就是这孩子已经圆满滴出完水痘了。

郑厉公恨相国祭足专政，暗命祭足的女婿雍纠去把其老丈人干掉。雍纠夫妻感情不错，把这事跟老婆说了。老婆回家问妈："老公和爹哪个重要？"妈说："爹只有一个，全天下的男人都可以做你的男人啊。”（父一而已，人尽夫也）这就是“人尽可夫”由来。原始词义跟作风问题没一点关系，倒是跟相亲节目有点关系。

楚国人养由基，箭术牛13。百步穿杨、百发百中这些成语都是从他而来。这位的厉害之处在于,汉朝李广射石头只是把箭头扎进去，养由基能把箭杆也射进石头里。“养由基射兕，中石，矢乃饮羽。”后续：养由基一箭射入顽石，那石头轰然迸裂，窜出个猴子大叫：“唐僧师傅谢谢侬，绳命是如此回晃！”

孟姜女原型是春秋齐国大夫杞梁老婆。《左传》说她老公死后哀痛之际仍能以礼处事，根本没哭这事。汉刘向在《烈女传》开始胡扯说把城哭塌了，后人觉得城还不够牛逼，强行把她拉到长城脚下哭。民间传说更搞，说孟姜女是葫芦所生，由于孟家葫芦爬到隔壁姜家，这姑娘两家共用就叫“孟姜女”。矮油，女版葫芦娃。

在古代，就职于诸侯的官吏地位低于朝廷官员，称“左官”。中国人尚右（早期或特殊情况也有过以左为尊），以左为卑，所以降职叫“左迁”。左还有非正、邪恶之意。所以邪教也称为“左道旁门”，“左道，不正之道也。”相对的“右”地位相当高，最高什么程度？高到与神一样，有据为证：神最右。

将信写于木板上叫“牍”，这板子一般一尺长，所以信也叫“尺牍”。为保密会再加一版叫“检”。检就是信封前身，检上面写寄信收信的地址姓名，叫“署”。两版合好用绳子捆上后，打结处用泥连接，泥上盖章叫“封”。拆信时一般抽出来即可，叫“抽封”。若封得太紧就得扯尺牍，叫“扯犊子”。

一说法：古代买米付钱后，商家会白送一小撮米洒在米斗上面，形成一个“尖儿”，不给这撮米不好意思说自己是商人，“无尖不商”一词就此出现。

徐福应该没到日本，《史记》说他到了个地方平坦的“平原光泽”，这地方不太可能是日本。而《后汉书》则交代说他去了会稽，古会稽辖区很大，甚至包括交趾。徐福最后去的地方，兄弟我推断是台湾，因为台湾有徐福记。

四川原本是荒凉穷苦的地区，秦朝李冰与儿子修筑河渠，遂使境内两千年没有水患，为“天府之国”打下基础。父子死后四川人坚信两人已升天为神，于是为其修建了庙宇。其中儿子的雕像造型有趣。两腿不是并拢，而是一条腿压在另一条腿上。因儿子叫李二郎，这种坐姿便称为“二郎腿”……看我八卦涨姿势不？

蔡文姬的爹蔡邕死后孔融很怀念。这个神经病有创意，找了个跟蔡先生长相一模一样的虎贲士陪他喝。虎贲的同事很羡慕他啥活不干天天喝酒，“你他娘的好快乐好轻松啊！”“轻松毛！跟孔融喝酒压力老大了。”“喝酒减压啊？！”“减毛！丫把自己鸭梨给我了！”

《后汉书》说汉献帝初平中期，长沙有个姓恒的死了，他妈在坟上哭，突然听见地下有响声，挖出来，活了；《新唐书》说唐僖宗光启元年，山西临汾有个小子死了半个月后，有人路过坟头，丫在里面喊“救救地下工作者吧”，挖出来活了。

刘备和关羽张飞到南阳卧龙岗去找诸葛亮。恰巧诸葛这天出去了，三人失望而归。不久，刘备又和关羽张飞第二次去找。恰巧诸葛又出去了，三人失望而归。诸葛亮回来后等刘关张三人再来，干等不来。派童子打听，童子回报：“这三个混蛋看你总找不到你，改玩斗地主了。”

晋朝人公认天下最博学的是张华。他有本著作叫《博物志》，全是稀奇古怪事。这位大哥很会忽悠，看完你以为是真事。例如：抓到龙后，龙肉一定要细细地切；不能煮熟要生吃才鲜美；必须用醋腌，腌制后龙肉会现出青绿色花纹……尽量增加细节，便增加了故事可信程度。这个对于扯淡成性的我来说，也没什么难度。

晋朝阮瞻不信世上有鬼，这位大哥有一整套理论体系来辩驳，谁都说不过他。这一日来一客人与他谈鬼神之事,被阮瞻说得哑口无言。客人最后说，你为什么不信世上有鬼？实话告诉你，我就是鬼！阮瞻得意洋洋道：你怎么证明你是鬼？那鬼变形给他看。阮瞻看着变形鬼再道：你怎么证明你是鬼？鬼，气哭了。

《从百草园到三味书屋》中说“笑人齿缺曰狗窦大开”,故事出自《世说新语》。晋朝张玄之八岁掉牙，有人笑话他：“你嘴怎么跟狗洞似的？”张玄之马上反击:“没牙是方便你出入！”……这特么破嘴，难怪长不出牙。

晋咸宁五年,汲郡人“不准”半夜挖魏襄王的坟,值钱的东西没多少,倒是抠出一堆蝌蚪文写成的竹简，就是赫赫有名的“汲冢书”。内容是从夏朝到战国时的史事,跟传统记载不同,这事司马迁最恼火,因为他的《史记》权威性遭到了冲击。“不准”这人名字有趣，发音是傅彪。

干宝为什么写《搜神记》？干宝之父有宠妾，宝妈嫉妒，宝父死后下葬，宝母推妾入墓中而活埋之。十余年后宝母死，下葬开墓见父妾居然还有气息，没两天神采奕奕满血复活了。干宝的哥哥常年生病，终于病死，但尸体几天不冷，忽一日，又特么满血复活了。尼玛，他家是开发网络游戏的吧？

南梁左卫将军阴子春有怪癖，常年不洗脚，说只要洗脚肯定打败仗。梁州大战前，老婆实在受不了逼着他洗了一次，洗完果然打了败仗。看这个想到我们宿舍老三了，他曾经三月不洗脚，脚黑得跟穿了皮靴一样。画面太过叹为观止，轰动全校。女生都来参观，也因为这次参观，他搞上了对象……是的，我就是老三。

《唐律疏议》规定，外国人和外国人之间的犯罪，按他们国家法律办。中外之间犯罪按中国《唐律》办，明清延续这个做法。中国人在外国或民族地区犯罪怎么办？唐律未作规定。根据《西游记》师徒四人一路西行一路狂杀的故事，我们可以得知，中国人在外国犯罪，按如来的意思办。

杨贵妃好像没经历过唐朝的后宫等级选拔，开元二十三年先当寿王妃，被李隆基看上后以女道士名义入宫，再然后稀里糊涂混成了贵妃。经历相似是她太婆婆武则天：乱伦，出家，当皇后。

唐朝规定翻城墙：翻过县城城墙揍九十板子，翻过州和都城的城墙劳动教养一年。这规矩对人效果不错，动物根本不鸟。769 年和 762 年，长安城出现过老虎逛街；830 年一只大熊也进城溜达；据说鹿是城里的常客。

唐朝的规矩是新皇帝上位后，会把前面皇帝收藏的宫女放回家一部分，不然太挤了。唐肃宗上位后放出的最多，因为他爹唐玄宗在位四十多年，收集了四万多胖丫头，凑一起那场面，跟企鹅开会似的。

唐朝姑苏寺住一姓杨的屌丝，这一日发梦，一大神对他说，赐你神力包治百病祝你发财，发财后帮我修庙。梦醒后真的成了神医，妙手回春手到病除于是日进斗金，小子仁义，攒够钱就修庙，把钱全花了。庙修好后他妈的神力消失了……要骂，忽想起大神来时左手大锤右手弯刀，惹不起，算了。

韩愈登华山，到山顶发现山势险峻异常，他认为自己这辈子就要困在华山了，情绪当即崩溃，嚎啕大哭，怎么劝都没用，趴地上写遗书。到清朝，史学家毕沅也嘚瑟上去了，情绪当即崩溃，嚎啕大哭，怎么劝都没用，趴地上写遗书。实在没办法了，把他灌醉裹进毯子绑紧扛下山。路上伸出小脑袋带哭腔问："到了没啊？"

954 年 2 月 20 号，这天是后周显德元年正月十五，子夜后突然一声炸雷，然后咚咚咚敲鼓一样响声不断，古代没闹钟，政府用人敲鼓报时，所谓“晨钟暮鼓”。一群敲鼓报时员吓坏了，以为睡过头赶紧起来敲，敲到天亮才知道是颗滚石砸家门口了。“操你妈折腾我们干神马？”“不好意思，俺滚石唱片的，采声。”

《杨门女将》佘太君的原型不姓佘，应姓“折”。《保德州志》载：“杨继业……事北汉为建雄军节度史，娶折德扆女。”折、佘音近讹传。折德扆跟周世宗混，他家儿子都挺能打，但姑娘没参加过战争。所以女将军“佘太君”是评书胡扯出来的，并且扯得一点都不好，明明中国花姑娘偏用个日本名。

《宋史 · 列女传》有四十多个女人，没一个跟杨家有关系，杨门女将估计是意淫出来的。关于穆桂英“杨文广之妻慕容氏，武艺高强”，这是《保德州志》记载的穆桂英原型，全称应是慕容桂英。州志成书在明，但原版早没了。怀疑民国或清末附会上这段话。所以文广之妻慕容氏，应写成：文广之妻？木有这事！

宋初举人进京，朝廷会安排他们参观皇上办公室。小地方来的人，见到皇上沙发就激动，你推我搡边挤边喊沙发板凳地板，不成体统。后期改为只有解元才能参观，人数虽然少到了几百人，但还是不行。这群人就没有排队的概念。所以沈括说，朝廷上永远不可能排列整齐的只有三种：1. 举人，2. 外国人，3. 骆驼。

公孙策、展昭、王朝马汉、张龙赵虎……这些人根本没有，小说胡扯来的。真实的包公人缘不咋地，没朋友。《宋史·包拯传》说：“故人，亲党皆绝之。”亲戚朋友他不搭理，朋友亲戚也不搭理他。包公有时也寂寞，就问：咋不跟我说话啊？那个经典段子的回答就来了：“矮马，看你头像总黑着，以为不在线。”

王安石变法时的口号：天塌地陷我也要变，傻逼骂我也要变，祖宗那些破规矩都给我滚蛋。神宗把王先生叫过去说：“你他妈有病啊？祖宗都骂！”王说这话不是我说的啊！神宗说那你想说什么？王哇啦哇啦讲了几个小时后，总结语是这样：天塌地陷我也要变，傻逼骂我也要变，祖宗那些破规矩都给我滚蛋。

李清照在《打马图序》介绍的宋朝赌博法：长行、叶子、博塞、弹棋，打揭、大小、猪窝、族鬼、胡画、数仓、赌快，藏酒、摴蒲、双蹙融，选仙、加减、插关火，大小象戏、弈棋，采选、打马……李小姐说这些她都会，玩得精，成绩好。“扑克成绩更好，知道为啥吗？我老公公是德州通判。”李小姐补充说。

彻底晕了，沈括的父亲叫沈周，就开始感慨，沈括的爹太牛逼了，跟文征明、唐寅、仇英齐名的“明四家”啊，然后他妈想明白是我自己穿越了。

熙宁元年北方不断地震，七月甲申，地震。乙酉再震，八月又震。九月戊子，莫州地震。十一月乙未，京师地震。十二月癸卯，瀛州地震。丁巳，冀州地震。辛酉，沧州地震。这一年的地震，有时一天十几震，有的连震半年。唯一高兴的是南派三叔，因为地震，把天宝十三载的一处古墓活活震翻出地面。

1078年初，南宁的一尊佛像忽然晃动，这雕像只要一动就出事。第一动，夏人入寇；又动，南宁大火；再动，侬智高造反了。知州钱师孟一怒之下把它扔进了邕江。然后，地震了……多好的一台维稳机器啊，尼玛就这样木有鸟。

《岭外代答》介绍一种生物，说它只有小鸡仔大小，除了下颌有一簇白毛以外，通身黑翎，跟小公鸡一样早晨准时鸣叫，叫声尖细很有穿透力，广西人把它放在枕头边上当闹钟，它的名字就叫“枕鸡”。我觉得这小玩意真好玩，没灭种的话打算进山找找看，读到后来去他娘滴——丫另一个名字叫鹌鹑。

南宋绍兴十三年，诏令：监狱若提供不了关押犯饮食，本地犯人一天给二十文钱，外地一天十五文钱。十六年，诏令又下：被认定为犯罪嫌疑人，后无罪释放的，政府有赔偿，按关押天数每天给米一升半，钱十五文。二十一年，诏令再下，犯人生病，官吏要支付囚犯买药的费用……这特么公费医疗带薪度假的节奏啊。

金太宗诞辰日叫天清节，熙宗诞辰日叫万寿节，世宗诞辰日叫万春节，章宗诞辰日叫天寿节，卫绍王诞辰日叫万秋节，哀宗诞辰日叫万年节，这些日子都不是真实生日。女真人计数稀里糊涂，想哪天过生日就定哪天是生日。其中宣宗诞辰日叫长春节，我推断应该是10月10日，有枪有洞才能“长春”。

《古今太极拳谱及源流阐秘》李师融先生考证，张三丰 1247 年生于辽宁阜新，死在公元 1458 年，其寿为 212 岁。你信吗？我是打死都不信，212 不是人是吉普车。他妈吉普车放二百年也该烂了。

上古时代潜水全靠憋气，到宋明时代有了专业器材。《天工开物》说 17 世纪中国的潜水：把绳子系潜水员腰上，再用锡做的环形空管罩在鼻子上，潜水员用这管子呼吸，想上来时晃荡下绳子，岸上人把他拉出来。这人不行，兄弟我潜水天下第一，在群里三年从没说过话！

蒙古以西为尊贵，传说成吉思汗被三百坏蛋围捕时，躲在西边的孛儿罕山逃过劫难。另有可能出自萨满教对天的崇拜，萨满教认为以“长生天”为首的九十九个天中，西方五十五个天是善天，好天，东方四十四个天是恶天，坏天。这认知和现代人不一样，现代人认为：发工资那天是好天，其余都是坏天。

沈万三见老农要杀青蛙，买下来放生在家旁边的水塘里，青蛙晚上狂叫，沈睡不着觉去池塘，看到青蛙围着一个铁盆叫，于是拿回家做洗手盆。这一天他老婆洗手不慎将戒指遗落在盆里，于是捞啊捞，捞出一堆戒指……这就是聚宝盆的传说。我要是有这玩意，就把林志玲放里面，然后捞啊捞，给你们每人一个。

明朝的户口登记“黄册”十年一统计，太麻烦。公安局造册时照抄旧册一字不改——ctrl+c，ctrl+v。这种统计结果很吓人，就是说，明朝人是永远不死的！万历十一年，兴化县活一百多岁还不死的家庭有三千七百多户。这三千多家,每家还不止一个百岁老人,最多一户七个。明朝医保世界第一。

花木兰当然也是胡扯，明朝徐文长在胡扯基础上继续胡扯，给姑娘安了一堆有名有姓的亲人，爹叫花弧，姐叫花木莲，弟叫花雄，娘姓袁。娘姓跟木联系一起倒是有意思：袁木，丫最能胡扯。不过女扮男装参军确实有栗子。九一八事变后徐汉君投考38军军官候补生，录取入队后，队长勒令退学。妈的，徐汉君是女人。

电影演清朝人掐架前，把辫子绕在脖子上是扯淡的。那时代都是把辫子盘在头顶上再干人，干活也是这样。先绕上自己脖子，然后让对方揪住辫梢一把勒紧，这种自杀式袭击要多缺心眼的人才会这么干啊?

《水浒》里通缉令叫“海捕文书”，这词正确写法是“海捕具文”。虽然《水浒》说的是宋朝事，但翻遍宋史和会要，这词根本没有出现过，即便是施耐庵所处的明朝也没有记载。正式出现是在《清实录》，共七十四次。最可气的是“六扇门”，我查了两天没查到。

一直觉得《西游记》有个BUG，唐僧肉吃完长生不死，他为什么不咬自己一口？咬完任你各路妖魔奈我何？轻装上路差旅费省四分之三。后来想明白了，吴承恩设计得真他娘缜密——和尚不能吃肉。

洪门分辨自己人的手势叫三字诀，指法这样：右手食指、无名指两指向内弯曲，大拇指向上指天，小指向下指地，直伸中指按在心口。刚才模仿了一下，他妈的抽筋了。

天启三年三月二十，努尔哈赤对掳掠来东北的汉人发表重要讲话。全文特流氓，大意：我是天派下来的，所有土地都归我管，你们在土地上生活，你们也归我管；但你们生活不好这事不归我管。谁管？“非我之罪，皆明万历帝之罪。”翻译过来：冤有头债有主，命苦你找明政府。

可能早期在丛林里鬼混的缘故，满人上坟时怕引起火灾所以不烧纸。满人上坟很简单，旧坟上插条柳枝，磕头念叨一会儿就完事。新坟则插“佛陀”，佛陀听起来高大上，实际就是干树枝上面插个挂满五色纸的苞米瓤子。

1649 年 7 月 16 日，北京金水桥来了两个放鹅老娘们儿。鹅在沟里游，老娘们坐一堆绳子上唠，边唠边抽烟。虎娘们不知道自己坐在红夷大炮的引绳上，咔咔弹烟灰。浓烟开始滚滚，虎娘们以为是起雾霾了，没在意。挪屁股继续唠。火越烧越大，最后，烧掉炮绳三万三千八百斤，延烧炮车二百多辆，仓房一百二十间。

1662 年郑成功死，儿子郑经上位后给清政府写了封信，大意说台湾跟朝鲜一样待遇“不登岸，不辫发易衣冠”。清廷不许。到 1680 年双方还在为臣服方式、辫子衣冠这类破事吵。最后郑经说台湾全岛都剃头换装，只有他一人不剃不换，行不行？清政府一本正经回郑经：不行！

1787 年正月，两广总督孙士毅在饶平县拿获许阿协等天地会会犯。许供出一句口诀：木立斗世知天下。这口诀正是天地会发展的时间表。“木立斗世”是隐语，“木”字拆开是“十八”，暗指顺治十八年筹备天地会；“立”拆开是“六十一”，康熙六十一年动员；“斗”指雍正十二年，“世”字是乾隆三十二年正式开业。从顺治十八年筹备，到乾隆三十二年才开张，中间近百年。效率这么低，你说怎么反得了天，发得了财？

东印度公司和中国的贸易地点是广州，当地官员敲诈鬼佬。英国人洪仁辉被敲得骨断皮连还他妈敲！实在不想当木鱼了，于是北上告御状。说广东海关没一个好东西乾隆你得管管。乾隆震怒！结果，老洪被按进监狱关了三年。罪名是：私自学习汉语！你凭啥学？想当间谍？看见没，跟英国咱们硬过。只是不持久。

18 世纪，澳大利亚气象学家突发奇想，开始用女性名给台风起名，作为一种荣誉或纪念，赠予自己的女友、妻子。这做法在欧美各国迅速流行。于是有了下面的冷笑话，问：台风为什么总是用女性命名？答：因为它跟女人一样，来的时候挺温柔，走的时候带走你的房子和车子……

1816 年英国人又来中国，领队的是阿美士德和斯当东。车都到颐和园门口了，又干起来了。官员非要英国人磕头，英国人就不磕。官员没办法只好忽悠皇上说英国团长生病了。嘉庆为接见早起床一分钟，被耍当然生气，臭骂英国人并驱逐出境。

第二次鸦片战争《泰晤士报》记者的描述："距离军舰二百码的一户人家在临河的房间里吃饭，炮弹在他们头上几英尺处飞过，屋内的人照样吃饭，好像外面没有发生什么事。"除了缺心眼的勇敢，主要原因是中国人对这次战争的概念：洋人来跟朝廷打仗，关我屁事，国家又不是我的。

雨花台大战，有专家事后做过统计，太平军的火器拥有量超过湘军。但湘军的枪炮是制式武器，型号同一规格齐全。太平军火器靠走私，那质量真是没得说！武器专家给洪家军的军械评语如下：他们的枪炮对射手本人比射击目标的威胁更大！

1860 年英国军官来华访问，发现淮军士兵开枪姿势很奇怪：朝前放枪，脑袋往后扭。想笑，观察后明白是枪的缘故——淮军用燧发枪，瞄准的话残留火药可能烧伤眼睛，并且一开枪就崩出一团雾，瞄准没用。于是个个扭头放枪，"崩"一声后一团雾，集体爆米花的样子。

1884 年 8 月 22 日，法国海军跟清朝现代海军南洋舰队在福建马尾干仗。美国学者史景迁描述说，中国的旗舰开战第一分钟就被鱼雷击沉。在七分钟内干掉一半，一小时内干掉所有。兵工厂和码头干毁。法国死五个，中国死五百二十一个，失踪五十一个，这舰队就是左宗棠和胡雪岩打造的。这不是舰队，是一次性纸杯。

冯子材扔盘子是绝技，他能把盘子飞过人头顶后，稳稳降落在十步开外的桌上。再扔，落在前一个盘子上。再扔……越过头顶……

再落。最后桌上规规矩矩一摞盘子。问他怎么练出来的？“以前在粥铺跑堂，懒，就这么扔。”“为啥不干了？”“有一次老板突然站起来了。”

章太炎有癫痫病，一辈子没治愈好，1902 年在日本发作了，躺地上吐白沫。屋里就冯自由一个人，这小子就抢救。忙了一整天，后来章太炎玩累了，就自己爬起来好了。

义和团确实给慈禧表演过刀枪不入，老太太真信了。1900 年 6 月 16 日第一次御前会议，端王载漪墙裂建议用义和团跟洋人掐。光绪说肯定打不过。第二天光绪发言更给力，户部尚书立山跟他一伙，更更给力。载漪吵不过，恼羞成怒大骂立山是大汉奸！把立山气笑了：“我他妈满人，跟汉奸有个蛋关系？”

从唐武则天长安二年（702 年）开始武举考试到清光绪二十七年（1901 年）取消武举，资料显示一共二百八十二个武状元。唐四十一人，宋七十八人，金一人，明五十三人，清一百〇九人。大西国一人、太平天国二人。这些人里有广东籍贯的，也有穷到差点要饭的，但就是没有广东的、要饭的、叫“苏乞儿”苏灿的。

八国联军进北京，慈禧除了带着光绪，还带了自己的弟弟桂祥跑路，一伙人紧张地跑啊跑。紧张到什么程度？桂祥没有鸦片活不了。这次居然忘了！三天后到怀来县。稍获喘息，手下问桂大人抽鸦片不？老桂一听，烟瘾就出来了，然后激动滴昏过去了！网友回复：适时提醒，刺激消费！这，就是广告！

1904年慈禧接见来华的德国皇储，老太太托其将照片转与德国皇后，为此举行了隆重的仪式。新闻报道："皇太后赠德皇后御像一片，用黄亭抬至外部。初四日加车随德储君赴津，送至柏林，籍代游历。"……黑框，抱着。

新加坡晚晴园原由一位张姓富商修建，供同盟会南洋支部使用。从1905年开始，孙中山到新加坡必到晚晴园。到后必有一个动作——转圈。晚晴园有张当时少见的旋转椅，老孙最爱坐上去转圈。"孙先生也看中国好声音？""我从不看那玩意。""那为何转？""不转不是中国人！"

唐绍仪在奉天做巡抚时养了一只超级大狼狗，贼能吃，一天要五斤牛肉。有御史弹劾他，说人民吃不饱，唐巡抚家的狗一天却要五斤牛肉，人不如狗……唐反驳两条：1. 西方政要都养狗。2. 满洲习俗就是尊重狗，太祖还被狗救过命。满人把狗当朋友来对待，我请我朋友吃个饭你们管得着吗？

1906年同盟会梁钟汉从日本回汉阳闹事，1909年被按住判了三年，派回原籍汉川县服刑。因小梁家是本县名门，又是留学生所以优待。县监狱一栋小院专划给他蹲，书房一间卧室一间，剩下一间典狱员住。小梁的儿子太小他必须照顾，于是儿子陪他蹲，儿子每天要上学，所以看守还要经常帮他去学校接送孩子。

同盟会覃振1908年判终身监禁，探监时间不受限制，随便，没人管。跟媳妇嘎嘎聊天不过瘾，牢房侧墙有通风口，他让媳妇把两岁的儿子塞进去抱着玩，这孩子就在牢房里连吃带睡。更过瘾的是监狱长家的孩子经常到监狱来玩，一来二去跟覃振混熟了，居然认覃做了干爹……这他妈是监狱还是疗养院？

1912 年 2 月 16 号，就在这一天，袁世凯剪掉了辫子。当时袁世凯还在犹豫，但对做大总统的来说，辫子去留是世人热议焦点。迫于情势最终同意蔡廷干替他干掉辫子。蔡是留美幼童出身，深知这个举动的新闻性，迅即将这条独家新闻披露给海外媒体，换了好几块钱。

宋教仁墓旁的雕塑上的“渔父”两字出自《楚辞》。章太炎写的，有点小故事:章太炎跟宋教仁关系好,章某天兴致大发随手写了“渔父”两字打算送给他，但宋行踪不定没找到就搁旁边了。没两天宋被刺死。再不建碑用，这俩字就过保质期了。

杜月笙发达后与黄金荣面合心离,后期俩人互相排挤。杜的“恒社”气焰极盛。黄的门生专门组织了“忠信社”。任务有两个，一是挖墙脚，使杜的恒社成员跳槽；二是搜集杜的劣迹做告密材料。这个社整整运作了一年，一个人没挖过来，一条罪证没发现。

1921 年夏胡适到西山，熊秉三两口子送他一盆兰花，天天等开花天天盼开花，到秋天屁反应都没有，小胡很生气写下《希望》：我从山中来，带着兰花草。种在小园中，希望花开早。一日看三回，看得花时过。兰花却依然，屁不放一个……不开花是因为缺水。明白洒水车为啥天天早上哼唧这歌了吧？

孙中山在黄埔军校演讲正激动，发现底下一小子睡得哈喇子都出来了，太不给面子了！叫醒问怎么回事。同学解释这小子台湾来的，你的粤语和国语他听不懂，他只听得懂闽南语和日本话。老孙说必须学会国语！廖仲恺你来教！廖老师别的不行，误人子弟天下第一！小子跟他学成的广东普通话，谁都听不懂，包括廖老师。

珞珈山在武大旁边，原名是落驾山，传说楚王在此落驾。1928 年闻一多到武大说，神马七八名，不够雅，改！改完又瞅校徽不顺眼，改！没人帮他 PS，自己设计了一个。

1933 年戴笠指示沈醉盯宋庆龄，沈派靓仔特务跟宋的女佣人搞对象以期获得情报。可能佣人性取向有点问题，无论如何她也不搞。戴烦了让沈开车撞死宋。沈说没车！戴跟杜月笙借了辆嘎新的说你撞。这事蒋知道了说别撞我二姨子，拉倒了。关键是：这免费车沈醉足足开了一年才还，油钱还他妈是戴笠出的。

伪满洲国也有海军，器械一塌糊涂，最搞笑是第一第二战队的军舰，一共四艘，个头大的像姚明，实际排水量却只有三百吨，这船装甲薄得吹弹可破，板仓甲板二厘米厚，其余一厘米。但这个船配置的高角炮奇猛无比，射程一万米。于是搞笑了，一开炮，后坐力把船震得拼命向后退，有很强的时光倒流穿越感。

伪满洲国通信分三个部分，有线通信范围不大，无线猛：黑河、呼玛、安达、泰来、克山、满洲里……几乎覆盖了整个东北。第三部分就是鸽子了，据第三军管区通信队由潜如回忆说，鸽子通信极少使用，但很吊诡的是，它的信息传达准确率让无限通信都汗颜。

蒋介石对《纽约时报》记者阿班说，西安事变那天我穿着睡衣疯跑，拖鞋跑丢了接着跑。到华清池北面小山时天亮了，无路可走。祈祷上帝指引我生命之路，一睁眼看见俩红眼兔子，知道这是上帝搭救，就跟着，一会兔子没了，眼前一块石头，躲了进去……合着上帝是嫦娥？

长征途中有人注意到廖承志的党员登记表上，他父亲廖仲恺是国民党代表，母亲何香凝是国民党中央委员。枪毙他上面不同意，赶走他上面又不放心，怎么办？“双手绑在身后，强迫行军”，小廖边走边问：为啥绑我？是不是因为籍贯填的是阳澄湖？

1936 年冬，毛主席接见蒙古族小战士巴音尔时说：“蒙古民族，是个了不起的民族，出过成吉思汗那样的天之骄子！”……越看越别扭，就是几个月前，他在《沁园春》中说成吉思汗“只识弯弓射大雕”。

1936 年柏林奥运会女子百米，上届冠军波兰的斯坦尼斯洛娃这次得了亚军，十分生气，打小报告说冠军海伦是男扮女装。海伦说自己是姑娘，有秃子问：“你怎么证明你是姑娘？”海伦没办法，脱光衣服检查，确实是姑娘。事没完：告状的斯坦尼斯洛娃 1980 年被枪杀，尸检时发现丫才是个男人！

1937 年 9 月，河南省立第二高级中学的一间教室突然一声巨响，整个房顶全部塌陷。原因是大梁断裂。细看，是承包商弄虚作假偷工减料，大梁不是一整根木头，而是碎木板加细树枝捆成的。承包商是胆大的，这栋房子前主人是权倾朝野的袁世凯。承包商也是牛逼的，算准了三十年后袁家必败。

溥仪曾在地安门一家鞋帽店定做了一只特大的棉鞋和帽子。大到什么程度？侍卫孙金福卷曲身体后能躺进鞋里。为什么做这个大鞋帽谁也想不明白，溥仪自己也不明白。搞笑的是他出宫后，有人进宫溜达时发现了这两件东西，以为是神仙用过的，当作传世之宝。——《随侍溥仪三十三年》

英国人到张园给溥仪拍纪录片。一个镜头是溥仪从洋房向假山走，回头对臣下摆手说：快来！因为是有声电影，接下来溥仪还要说点什么。溥仪是个烂龙套，从没演过带台词的角色，问摄影师："我再说点啥？"摄影师说："随你便。"于是镜头这样：溥仪从洋房向假山走，回头对臣下摆手说："随你便！"

1938 年同德殿建好，溥仪死活不搬认为日本人在里面安了窃听器。担心也不是没理由，同德殿确实有些怪异，只要一碰门把手，就像被扎了一样，用铁棍碰有时还有火花。溥仪坚信这是一种高级传输装置，暗命侍卫去查，无果。此事困惑纠结了侍卫几十年。直到侍卫七十岁的时候，在专家解释下才真相大白——静电。

过年宫里有赏赐，一般是绫罗。溥仪的侍卫李国雄，每次在溥仪那里都能拿到真的绫罗。老太妃赏赐时就奇怪了，说好是绫罗，到手是纱布。以为办事的中间人在赏赐上做手脚掉包。后来传闻说，老太妃自己掉的包。这老太太太特么有意思了。

邮传部左参议詹天佑和门生朱子勉说过这么句话："你学了技能，就要做点事贡献国家，如果做官就不能做事，想做事，万不可做官！"朱子勉连连点头，以为讲完了？詹天佑补充了一句："可现在在中国，朝廷不给你个官你他妈就做不成事！"说完托着小下巴陷入了深深的思考。

川军24军补充旅第二团团长傅德铨养了个猴，除了房事啥事都带着，当然也包括抽大烟。这天猴跑了。傅德铨也不着急，给猴留了个门。到晚上，犯了烟瘾一脸鼻涕的猴子果然回来了。后面还跟着个和尚和一头猪。猴曰：想成仙，抽大烟，何必辛苦去西天！

长征路上药品缺乏，手术靠硬挺，后来发明用白酒加漂白剂的麻药，据说很好用。最好用的是鸦片，很苦。最苦是路上生孩子的女战士，最最苦是贺子珍，生完孩子就遇空袭，身上扎了十七块弹片。至少三块没取出来，因为镶进脑袋里了。

抗战时期四川缔造了一个航空神话：1937年国民政府航空科研员经过不懈努力，终于研制出以木棍为骨架，重九百公斤的双座训练飞机。在机场上空居然转了一大圈安全着陆了，再然后就没起飞过，原因是飞机外壳顶不住大风。对，外壳的材质是竹凉席。怀疑那个科研院以前是卖风筝的。

二战时，中非的意大利驻军五百多人奉命防守机场，混凝土防备工事，充足的弹药，还有两门 88 炮这样的重武器。英军只有四百多人，装备是弹弓。英军指挥官本来想撤，底下人说打打看。一打，意大利就投降了。问意大利军官怎么回事？“后勤太操蛋了，不给配撬棍，打不开弹药箱！”

史上最昂贵的减肥：1945 年初夏，中央银行运钞机飞到贵州台江县上空时发生了故障，为了减重把飞机上的钞票箱，从飞机上扔、了、下、去！

看一个抗日老兵的回忆录，很短很好玩：某日他一人巡逻遇见日本兵，开枪打干死了两个，日本兵围上来他就跑，跑到黄河边就跳水，敌人就对着水打呀打，他就游呀游。游到晚上才上岸，问当地人才知道，他游了整整八十里！

抗战时马相伯全家避难桂林，避空袭天天躲叠彩山洞，老马嫌冷往南搬到南宁。还是嫌冷，继续南迁只能出国。他又不愿意，“国家有难，出国避难者实属可耻”，只好骗他说就往南一点点，这一点点是哪里？越南谅山。马先生眼睛不好还耳聋，到死不知道身在越南，以为死在南宁郊区。

成都花会四川省主席邓锡侯设宴，酒桌游戏是从一两到一斤共十六个银杯子，一两杯喝起，谁喝完银酒杯就归谁。张恨水从一两开始到七两喝不动了，妈妈滴，泸州老窖高度酒啊！老张抱着七个银杯又高兴又难受。高兴是得了半套酒具，难受不是因为想吐——他妈的散会后，不管喝没喝每人都发一套银酒杯……

天津有个奇怪的传统，痞子来你店斗狠比自残，你狠不过他，店就要归他。河东有一粮栈老板叫王半城。有人谋夺他的店，慨然应允。在门前烧一锅热油，伸手进锅把胳膊炸成焦炭，对方吓跑了。更狠的是一个叫张绍增的，熬热一锅油，自己跳锅里炸死，抢店痞子吓哭了。时代在进步，现在，房主自焚，痞子却乐了。

1948 年夏初周汝昌去胡适家。“胡适居然慷慨地将珍贵的孤本甲戌本《石头记》用三层报纸包好，借给我看。”周汝昌郑重地打开书，然后看见一个印章，噗嗤乐啦。印章四个大字：胡适的书。

1964 年 10 月，船王包玉刚参观“天一阁”藏书楼，工作人员将《包氏家谱》拿给他看。包玉刚顺着包氏绵延脉络查下去，意外发现自己竟然是包公 29 世孙，惊呼：“我是包青天的子孙！”消息传出后，来寻根的包氏子孙络绎不绝。这天来了个黑脸汉子也想查。工作人员问：叫啥名？汉子腼腆又羞涩地答：陈晓卿。

1964 年 10 月 16 日，中国在罗布泊戈壁荒漠上成功滴引爆了一颗原子弹！中国人终于迈进了原子核时代……以为全世界头版头条都会是这个消息。谁特么也没想到，就在这天苏联公布消息说：赫鲁晓夫被废了！消息之轰动严重影响了原子弹的头条曝光率。中国人民很郁闷，只有汪峰幸灾乐祸。

赫鲁晓夫下台后被软禁，很不满，原因是监控实在太过分了。他抱怨道：“你们可以把我抓进监狱，也可以没收我笔记，可你们整栋别墅都安窃听器，连厕所都不放过，把人民的钱花在偷听放屁上！”

赫鲁晓夫下台后偷听敌台，对美国之音和BBC赞不绝口，其子谢尔盖说不但偷听敌台还偷看禁书，索尔仁尼琴的《癌症楼》、乔治·奥威尔的《1984》赫鲁晓夫都读过，最喜欢《日瓦戈医生》，而这本书，就是在他手里成为非法出版物的。晓夫的读后感是：不该禁啊，没说苏联坏话啊。

1978年10月24日下午，邓小平参观日产汽车工厂的生产线，听介绍说每个工人一年平均生产九十四辆汽车，邓小平说，这要比中国排名第一的长春汽车厂，多出九十三辆。

邓小平在松下电器厂会见了松下幸之助。他知道松下的名望，称松下是“管理之神”，邓小平叫松下把所有的最新技术都教给中国人。松下回答说，像松下这种私人企业，是靠开发技术养活自己的，不可能把最新技术的秘密告诉你。

1979年7月14日，东北二王在中国第一大城市铁岭市遭遇法警单忠兴，单忠兴用的是南部十四式手枪，也就是俗称的“王八盒子”。结果第一枪就遇臭弹，死了。这事在声讨王八盒子可靠性差时每每提及。关键是王八盒子1945年就停产了，只能用库存的旧枪弹。你让一个三十四年没射的老汉往上扑，不是扯淡吗？

广西恭城县和湖南交界处一个村子有口“龙虎酒泉”井，很奇怪，水的味道像酒。有关部门带着公务猿测了下，酒精度为三度到五度，接着更不着调，说喝过这水的村民长寿，八十多岁老汉能提起一百斤重物，一百〇六岁的老太太长得像六十，村里没一个得癌症的……

杨的繁体字是：木＋昜，昜本意是散开：场、杨、畅、扬、疡、汤……都有这意思，杨树的花满天飘，疡是伤口溃疡烂得没变，烫是把东西煮烂散开在水中，扬更是散开的意思……“肠”怎么解释？嗯，网上说肠道总面积有两百平米，我们住的连屎都不如。然也。

陈真是倪匡造出来的，姓陈，留学日本，性格虎了吧唧，大概取自陈其美。另一说原型是当年主持精武会的陈公哲。陈公哲很新潮很牛逼，为推广精武会的武术图解，成立摄影部，自己拍摄。并出了两本轰动摄影界的《论摄学》《摄影测光捷径》。我发现姓陈的拍片总能引起轰动，是吧。

自由女神像跟美国一点关系都没有，法国为庆祝美国独立一百年送的礼物。设计师是法国人巴托尔迪，长相也跟美国没毛关系，雕塑的模特是巴托尔迪他妈。

1981 年 3 月 30 日里根被刺没丧命，原因是杀手辛克利选用了 5.56 毫米左轮手枪，威力很小。但军火商瞎他妈忽悠，说这枪配置的子弹头有炸药，爆米花似的砰一声能把人炸稀碎。辛克利果断上当，赶赴会场连开六枪，以为里根会被炸成火星文“田土木艮”。妈妈滴，啥事没有。

图书在版编目(CIP)数据

十三不靠 / 张发财著 . — 桂林 : 广西师范大学出版社 , 2016.1

ISBN 978-7-5495-7270-0

Ⅰ . ①十… Ⅱ . ①张… Ⅲ . ①中国历史 – 通俗读物

Ⅳ . ① K209

中国版本图书馆 CIP 数据核字 (2015) 第 245710 号

广西师范大学出版社出版发行

桂林市中华路22号　邮政编码：541001

网址：www.bbtpress.com

出 版 人：何林夏

全国新华书店经销

发行热线：010-64284815

三河市三佳印刷装订有限公司印刷

开本：880mm × 1230mm　1/32

印张：8.25　字数：140千字

2016年1月第1版　2016年1月第1次印刷

定价：32.00元